艺术品收藏鉴赏入门

古玉六百问

窦广利◎编

时代出版传媒股份有限公司
安徽美术出版社
全国百佳图书出版单位

图书在版编目（CIP）数据

古玉六百问 / 窦广利编. – 合肥：安徽美术出版社，2010.12

ISBN 978-7-5398-2584-7

Ⅰ. ①古… Ⅱ. ①窦… Ⅲ. ①古玉器 – 中国 – 问答 Ⅳ. ①K876.8-44

中国版本图书馆CIP数据核字（2010）第202951号

古玉六百问

窦广利 ◎ 编

*

安徽美术出版社

精美彩色印刷有限公司印刷

全国新华书店发行

开本 787 × 1092毫米 1/16 印张15

印数 3001—5000

2010年12月第1版 2012年4月第2次印刷

ISBN 978-7-5398-2584-7

定价：88.00元

目录

玉材玉色篇

刀工纹饰篇

玉雕工艺

玉器纹饰

玉器家族篇

礼仪玉器

玉兵仪器

装饰陈设玉器

丧葬用玉

日用玉器

文房玉具

发展演变篇

新石器时代玉器

夏商西周玉器

春秋、战国玉器

汉代玉器

魏晋南北朝玉器

唐五代十国玉器

宋辽金元玉器

明清玉器

去伪存真篇

收藏投资篇

玉材玉色篇

01 什么是玉?

中国自古就是一个爱玉、崇玉、赏玉、佩玉、藏玉之国，尚玉之风源远流长，且形成了独特而古老的玉石文化。然而对于“玉”的界定，一直以来都存在着争议，概念含混。

东汉许慎在《说文解字》中对玉的解释是:“玉，石之美，有五德者。”这一说法致使“玉”这个字广义地成为美石的统称，即指一切美丽、温润而有光泽的石头。然而从矿物学的角度来看，这一定义并不科学，因此也不为现代科学界所承认，现实中也不能作为“玉”的认定标准。19世纪法国矿物学家德穆尔将中国古玉材分为软玉（和田玉）和硬玉（翡翠）两大类。我国考古学界权威夏如鼐先生也曾主张除软玉、硬玉两类可称玉外，余皆不称为玉，它们的具体名称可用矿石名来代替。但是这种说法范围过窄，若是这样，许多古今有名的玉材也要改称为“石”了，显然这种说法是不够全面的。

清翡翠白菜

青玉谷纹双耳炉

虽然“玉”的概念是如此难以界定，但是我们对于“玉”的辨别并非完全没有依据。目前文物界就提出了比较合理的定义可以供我们参考。

（1）质感：玉的质地一定要温润晶莹，呈半透明或微透明状。

（2）硬度：玉的硬度通常在摩氏硬度 4.5—6.5 之间，不足 4.5 者视为石，超过 6.5 者可视为宝石。

（3)密度：玉的密度要在2.5克/厘米^3—

3克/厘米^{3}之间。

（4）颜色：在一块玉料上，玉的主体颜色原则上要是单纯的一色，即白、青、黄、碧、墨五色中的一色。

（5）必须是天然形成的矿物的集合体。

上述构成“玉”的五个条件，相辅相成，缺一不可。这可以说是迄今所知关于“玉”的定义中最科学的说法。

02 如何对玉石进行分类?

玉的种类繁多，在硬度、产地、颜色、质地、存世时间及传世的形式上各有不同的分类：

（1）以硬度分类。分为软玉（如和田玉、岫玉等）和硬玉（翡翠）两大类。

墨玉兽头双耳活环瓶

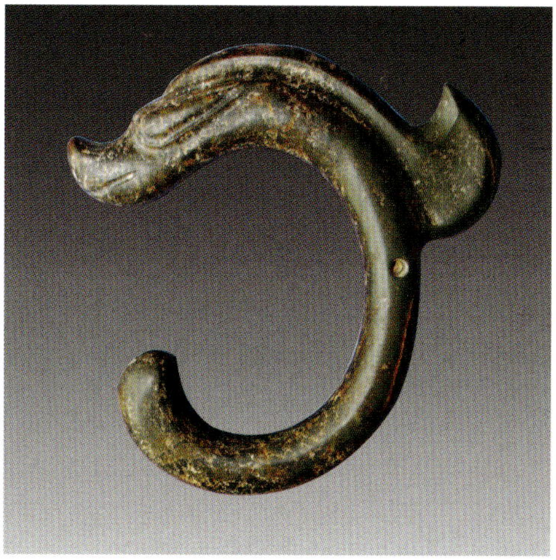

红山文化玉猪龙

（2）以产地分类。一般在玉的前边冠以产地名，比如和田玉产于新疆和田、岫玉产于辽宁岫岩、蓝田玉产于陕西蓝田、酒泉玉产于甘肃酒泉等。

（3）以颜色分类。玉的颜色很多，有白玉、青白玉、青玉、墨玉、碧玉、黄玉等数十种。不管玉的产地、质地如何，凡是颜色相同的都可以归为一类。如新疆和田玉中的白玉、陕西蓝田玉中的白玉都可以统称为白玉。

（4）以质地分类。即按玉料的质地分。不同产地的玉有上、中、下品之分；同产地而不同颜色的玉也有上、中、下品之分，同颜色而不同品相的玉还可以分为上、中、下品。如新疆和田产的玉总体上就比辽宁岫岩产的玉好，白玉总体上就比其他颜色的玉好，纯正的玉总体上比不纯正的好，体积大的玉总体上比体积小的好。

（5）以存世的时间分类。一般把1911年以前的玉件称为古玉，而把其后的玉件称为新玉。

（6）以存世的形式分类。从泥土中挖出来的古玉称为“出土古”（又称“土古”），没入过土的称为“传世古”。

03 新老玉如何划分?

按照玉器的制作时间，人们通常将其分为高古玉、古玉和新玉。

人们习惯把汉以前的玉器称为“高古玉”。由于年代久远，且主要是王公贵族才能享用，高古玉充满神秘感。

目前，业界一般认为，1911年以前的玉器基本上可以称古玉。此后生产的玉器，统称为新玉。

不过也有人认为，只有史前和夏、商、周三代的玉才算是真正的古玉，汉代的勉强凑合，唐宋的差强人意，明清的便不入法眼了。实际上，这些观点只不过是在古玉断代上和存世时间上的一个标准，并不能说明不同年代的古玉的实际价值，也并不能作为古玉鉴赏的标准。

04 什么叫旧玉?

旧玉即盘复后的“土古”，也叫脱胎玉。

李迺宣《玉说》：“方今好古淹雅之士，每以旧玉为奇珍。旧玉者，入土复出之玉也。玉之入土，或因逃往散失，或

红山文化青玉石斧残件

是落水沉没，或值沧桑致掩，或系埋藏失搰，或山崩遭覆，或地裂被埋，隐闭穷泉，历劫出世，经人工以法盘成，便为旧玉妙品。”

05 古玉的颜色有哪几种?

对于古玉，人们首先关心的是玉的颜色，即玉色。它不仅是古玉质量的重要标志，而且还带有一定的意识形态。

古人受五行说的影响，将玉的颜色分为五种，即青、白、赤、黑、黄。对应中国传统的五行观念为：东方为青，南方为赤，西方为白，北方为黑，中央为黄。战国时期的《周礼》一书中就有这样的记载：“以玉作六器，以礼天地四方：以苍璧礼天、以黄琮礼地、以青圭礼东方、以赤璋礼南方、以白琥礼西方、以玄璜礼北方。皆有牲币，各放其器之色。”可见，这五种颜色就是古玉的基本颜色。王逸在《玉论》中也写道：“赤如鸡冠，黄如蒸栗，白如截脂，墨如纯漆，谓之玉

红山文化青白玉龙首形佩

符。而青玉独无说焉。今青白者常有，黑色时有，而黄赤者绝无。”这就是说，玉有白、青、黑、赤、黄五色，而常见为青色、白色。到了明清时期，玉色就更加丰富了，从五色发展到八色、九色、十二色等等。

06 什么叫古玉的次生色？

玉石裸露在地面上或深埋在地下，经长时间的风吹、日晒、雨淋、氧化等作用，表面发生了巨大变化，表层局部出现了红色、黄色、白色、褐色、黑色等玉皮。这种变化属于自然形成，被称为“自然次生色”，尤其是籽料表现得更加明显。

玉石被开采出来，被制成了各种玉器，经人工染色、盘磨、随葬，后发掘出土，再为人所佩戴、把玩而造成的颜色改变，被称为“人工次生色”，情况就更加复杂了。

07 硬玉和软玉有什么差别？

硬玉是相对于软玉而言的，在质地上较之于软玉更加坚硬、更加透明、更加富有色彩。

硬玉是辉石族中的钠铝硅酸盐，所以硬玉又称为“辉石玉”或“辉玉”。硬玉有着隐约的水晶结构，质地坚硬，具有玻璃的光泽，清澈莹洁，在紫外线照射下有浅色至亮白色荧光。其摩氏硬度为6.5—7，密度为3.24克/厘米^3—3.43克/厘米^3。

硬玉具有不同颜色，其中红、黄色的外包层称“翡”，绿色称“翠”，紫色称为“紫罗兰”。目前硬玉实际上就是单指“翡翠”，还未见学界和业界把其他玉石归于硬玉的。原因之一就是其他玉石在硬度上比翡翠低。

软玉是相对于硬玉而言的。软玉在硬度上较硬玉小，但软玉的种类多，产

翡翠珠链

量大。软玉中质材最好的是我国的新疆和田玉。

软玉是角闪石族中的钙镁硅酸盐，又称为“角闪玉”或“闪玉”，断口呈参差状，具油质光泽，呈半透明至微透明状，颜色有白、灰白、绿、暗绿、黄、黑等色。软玉中的化学物质稳定，除耐氢氟酸外，能耐强酸、强碱。它是我国古代玉制品的主要材料。摩氏硬度为6—6.5，密度为2.9克/厘米^3—3.1克/厘米^3。岫岩玉硬度为5.2—5.5，独山玉硬度为5.5—6.1。

08 翡翠有什么特点?

相传翡翠原为鸟名，是一种羽毛红绿相间的小鸟。《说文解字》释“翡”为“赤羽雀也”，“翠”为“青羽雀也”。《异物志》释：“翠鸟形如燕，赤而雄曰翡，青而雌曰翠。”历史上，最早记载翡翠这一名称的文献是宋欧阳修《归田录》。明末《徐霞客游记》称作“翠生石”；清人称“云南翡翠玉”、“翠石”、“翡翠石”；清宫《养心殿造办处各作成做活计清档》、《杂录档》中可见“永昌碧玉”、“云南玉”及“滇玉”等名称。

翡翠属辉石类，主要成分是硅酸钠铝，摩氏硬度为6.5—7，密度为3.24克/厘米^3—3.43克/厘米^3，耐酸、耐碱，1000℃以下不变色、不变质，因此被誉为“玉石之王”。

在自然界所有的天然玉石中，翡翠

高绿翡翠料

的颜色最为丰富，因为翡翠含有不同的染色离子，通常有绿、红、黄、白、灰、粉、淡褐、淡蓝、淡青等。纯净无杂质者为无色半透明；若呈现出柔润艳丽的淡绿、深绿色，则是含有铬元素，即为“翠”；若呈现暗红、褐红、赭红色，则是含有铁元素，即为“翡”；若呈现淡紫色、深紫色，则含有锰元素，常被称为“春地”或“藕粉地”；若呈现淡蓝、淡青色，则含有铬和铜元素，常被称为“橄榄水”。翡翠以翠绿为主，且越翠越绿越好，是所有玉石中的上品，好的翡翠价值连城。

翡翠的主要产地是缅甸，我国云南西部和缅甸毗邻的地方也有出产，但产量很少。据我国古籍记载，历史上我国湖北荆门、黑龙江西布哈特、新疆于阗（今和田）都曾产过翡翠，但早已绝迹。

09 翡翠的“种”和“水”指的是什么?

“种”指翡翠的结构和构造，是翡

翡翠手镯

翠质量的重要标志。新“种”（也称新坑、新厂等）的翡翠，质地疏松，粒度较粗且粗细不均，杂质矿物含量较多，裂隙及微裂隙较发育，但透明度不一定差，比重、硬度均有下降。老“种”（也称老坑、老厂等）的翡翠，结构细腻致密，粒度微细均匀，微小裂隙不发育，它的硬度、比重最高，是质量较好的翡翠。新老“种”翡翠介于新种和老种翡翠之间，是残积在山坡原地的、未经自然搬运的翡翠。

翡翠的“水”指它的透明度，也称“水头”。翡翠的“水”与翡翠的结构构造有关，也就是说与“种”有关，还与杂质的含量有关，那些“种”老、杂质少、粒度大小均匀、纯净度高的翡翠“水”就好。

10 何为翡翠的“地”？

“地”是翡翠内部质地的干净程度，以及与“种”、“水”、“色”之间相互造成的视觉效果。民间称“地”为“地张”或“底障”等。翠与翠外部分要协调。如翠好，翠及翠外部分水必须也要好，才映衬协调。若翠很好，但翠外部分水差，杂质、脏色多，称“色好地差”。翠的“水”与“种”要协调，如“种”老，色很好，水又好，杂质、脏色少，相互衬托，就强烈映衬出翡翠的清丽、润亮及价值来。“地”的结构应细腻，色调应均匀。杂质、脏色少，有一定的透明度，互相照应，方能称“地”好。好的“地”分别有玻璃地、糯化地、蛋清地，不好的“地”如石灰地、狗屎地等。

11 翡翠常见的“地”有哪些？

玻璃地：完全透明，有玻璃光泽。这是所有的地中最高级的一种。

冰地：冰地次于玻璃地，整体通透如冰，即通明中如有一层薄雾，似净水封冻、凝滞。

水地：透明如水，有玻璃光泽。与玻璃地相似，有少量的杂质。

蛋青地：质地如同鸡蛋青，有玻璃光泽。半透明，但比较纯正，无杂质。

鼻涕地：质地如同清鼻涕，有玻璃光泽。半透明，但比较纯正，有少量杂质。

青水地：质地透明，泛青绿色。因色干扰，不如水地品种。

紫水地：质地半透明，泛紫色调，实际上是半透明的紫罗兰。

藕粉地：透明或半透明，像熟莲藕色的地子。其特点是呈紫色或粉色，透明的很有价值。

豆青地：半透明，像豆青色的地子。常常带有白色点状石花。

瓷地：半透明或不透明，质地发死如瓷器，使人有凝滞感的地子。

干白地：不透明，水头差的白色地子。

糙豆青地：不透明，质粗糙，石性石花粗大，一种粗糙的豆青地。即使其中出翠，价值也很低。

狗屎地：不透明，质粗水差，呈黑褐色或黄褐色，形态如狗屎的地子。

12 翡翠的“翠性”是什么意思?

“翠性”也称“苍蝇翅”，是翡翠的特有标志，指组成翡翠的矿物晶面及解理面在翠面的片状闪光，当组成翡翠的矿物颗粒粗大时，特别明显。这就是翡翠的“翠性”。若翡翠的矿物颗粒呈微粒状时，少见“翠性”，这是双晶面及解理面太小所致。如玻璃地的翡翠肉眼难见“翠性”。

翡翠环形

13 何为翡翠的“蟒”?

“蟒”是在翡翠原料的表皮上，见与表皮一样或深或浅颜色的风化、半风化沙粒呈带状、环状、块状等有规律、有方向性的排列现象。这说明原石局部受方向性的动力变质与热液蚀变作用的共同强烈影响，有可能使其内部铬元素释放而致绿。有蟒的地方不一定有绿，一定要有“松花”的出现，才能说明其内可能有绿。有鳞说明“种”老。“蟒带”一般与绿色的走向平行，绿的走向（脉）也称绿的形状，大多为原生裂隙填充了铬离子而致色。

14 翡翠的“A 货”、“B 货”、“C 货”和“B+C 货”是什么意思?

行业内翡翠有“A 货”、“B 货”、“C 货”之分。“A 货”指未经人工干预质地的翡翠；“B 货”是质量差的翡翠经过强酸浸蚀漂白除去杂质，再填充大量高分子聚合物加工而成的翡翠；“C 货”是经过人工染色的翡翠。

经漂白填充和染色处理的翡翠叫“B

十C货”。国家标准规定：A货直接标志翡翠，对B货和C货标志上须注明“处理”两字；如果标志或者票据上不注明，则属欺骗行为。

15 粉翠是翡翠吗?

严格来说，粉翠不是翡翠，而是一种以蔷薇辉石为主要成分的致密块状的硬玉质玉石，不透明，具玻璃光泽，摩氏硬度为5.5—6.5，密度为3.4克/厘米^3—3.68克/厘米^3。颜色有蔷薇红、玫瑰红、粉红、紫红、棕红等。在紫外线照射下可发荧光，折射率为1.733—1.744，双折射率为0.011。三斜晶系，晶体呈板状，有时似辉石晶体，透明的晶体极罕见，可作宝石。

产于北京昌平的称为“京粉翠”，产于四川攀枝花的多叫“桃花石”。京粉翠由于矿石产地特殊，非常稀少，现在已找不到了，只有四川攀枝花有少量桃花石发现。

16 暗绿玉和硬白玉质地相同吗?

暗绿玉又称“云南翠”，产于云南、青海祁连。

暗绿玉属于硬玉类，翡翠的一种，属辉石质硬玉，形成于蓝闪石榴辉岩中，呈深绿色，玉上有黑斑点，摩氏硬度为7.1，具玻璃光泽，抛光后呈强闪光性，

京粉翠挂件

暗绿玉原石

状若秋叶、花片等。

硬白玉是一种由辉石、透辉石、次闪石、透闪石等组成的硬玉质白玉，色灰白、黄白，摩氏硬度为6—7。产于青海柴达木盆地。

17 什么叫花色玉？

花色玉产于青海柴达木盆地，可分为花玉、花斑玉两种，属多物质硬玉，形成于一种由辉石、透辉石、石榴石、符山石、透闪石、次闪石、阳起石等组成的变质矿床中。矿石具玻璃光泽，致密块状，摩氏硬度为6—7。

花玉因其白色中有灰、黑、蓝紫色斑带而得名。这种斑带由黑色矿物和菱镁矿组成，白色部分为叶蛇纹石。

花斑玉因其白底上呈现出绿斑花

花色玉挂件

纹、斑点或云雾状而得名，可以算得上是质地较佳的翡翠了。

通常认为花斑玉属于翡翠，也有人认为花斑玉不是翡翠，而是一种质地近似翡翠的玉石。

18 五彩玉是什么？

五彩玉产自福建南平市官田乡，一块玉上含有红点、绿斑、墨块、褐或灰或黄的颜色，底子为白、青白、青等，是翡翠的一种。磨光后出现抽象花纹，花式自然流畅，酷似锦缎，质似碧玉，

五彩玉佩饰

是中国十大奇石之一。其主要成分是透辉石（约占89%）及少量绿帘石、透闪石、阳起石等，由沉积岩经热力变质而成。摩氏硬度在7以上，抛光后亮度可达100度以上。

19 为什么把和田玉列为诸玉之首?

和田玉开采和使用的历史悠久，是我国玉文化的主体。据历史记载，和田玉进入中原地区最迟在商代晚期，并且用和田玉制作的古玉器在河南安阳殷墟妇好墓中有发现，足以认定和田玉在当时用玉制度上已占据重要地位，为主流玉材。

和田玉又称“和阗玉”、“昆山玉”，是我国品质最好、最负盛名的玉种，居中国诸玉之首。和田玉属角闪石类软玉，主要成分是硅酸钙锰。摩氏硬度为6—6.5，比硬玉稍低；密度为2.96克/厘米^3—3.17克/厘米^3，比硬玉稍轻。

和田玉的颜色与其他软玉相比，色调较多，以白色、青色、黄色、黑色等为基本色调，还有一些过渡色，如青白色、灰白色等等。颜色不仅是评价和田玉质量优劣的重要标准，而且也是划分和田玉种类的主要依据。

在和田玉诸多品种中，和田白玉最为名贵。具体来说，和田白玉又有梨花白、羊脂白、象牙白、雪花白、糙米白、鱼肚白等多种。其中又以羊脂白玉品质为最。清人陈性在其《玉纪》中赞道：“其玉体如凝脂，精光内蕴，质厚温润，脉理坚密，声音洪亮。”但羊脂白玉也分品次，产于水底的名“籽玉”，为上；产于

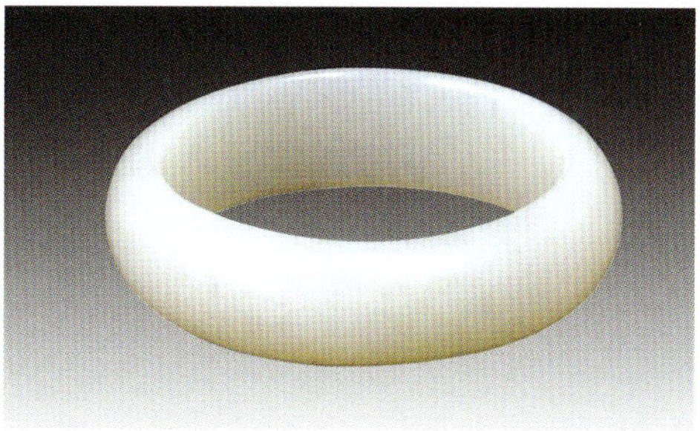

和田白玉手镯

山上者为“宝盖玉”，次之。

和田玉的产地分布于塔里木盆地之南的昆仑山。玉成矿带断续长1100多公里，西起喀什地区塔什库尔干县之东的安大力塔格及阿拉孜山，中经和田地区南部的桑株塔格、铁克里克塔格、柳什塔格，东至且末县南阿尔金山北翼的肃拉穆宁塔格。

20 和田玉有哪些品种?

按和田玉产出的情况，自古以来将

和田青白玉瑞兽印章

商代青白玉玉钺

和田玉籽料

其分为山产和水产两种。山产的叫“宝盖玉”，水产的叫“籽玉”。当地采玉者则根据和田玉产出的不同情况，将其分为山料、山流水、籽玉三种。

（1）山料。山料又名“山玉”，或叫“宝盖玉”，指产于山上的原生矿。山料的特点是块度大小不一，呈棱角状，良莠不齐，质量常不如籽玉。有不同玉石品种的山料，如白玉山料、青玉山料等。

（2）山流水。山流水由采玉和琢玉艺人命名，即指原生矿石经风化崩落，并由河水搬运至河流上游的玉石。山流水的特点是距原生矿近，块度较大，棱角稍有磨圆，表面较光滑。

（3）籽玉（籽料）。籽玉又名“籽儿玉”，是指原生矿经剥蚀后被流水搬运到河流中的玉石。它分布于河床及两侧阶地中，玉石裸露于水中或埋于地下。籽玉的特点是块度较小，常为卵形，表面光滑。因为流水长期搬运、冲刷以及人工分选，所以籽玉一般质量较好。籽玉有各种颜色，白玉籽玉叫“白玉籽”，青白玉籽玉叫“青白玉籽”，青玉籽玉叫“青玉籽”。

21 和田玉的“外皮”有哪些种类?

和田玉的外皮，按其成分和产地等特征，可分为色皮、糖皮、石皮三类。

（1）色皮。指和田籽玉外表分布的一层褐红色或褐黄色玉皮，很薄，一般小于1毫米。色皮的形态各种各样，有的呈云雾状，有的呈脉状，有的为散点状。

（2）糖皮。指和田玉山料外表分布的一层黄褐色玉皮，因颜色似饴糖色，故把这种玉石称为“糖玉”。糖玉的糖皮较厚，从几毫米到二三十毫米，常将白玉或青玉包围起来，呈过渡关系。

（3）石皮。指和田玉山料外表包围的围岩。一种围岩是透闪石化白云石大理岩，这种石包玉的石与玉界线清楚，可以分离。另一种围岩是透闪石岩，如和田玉是在地质作用下形成的透闪石，由于形成不彻底，在玉的表面常附有粗晶状的透闪石，这种石皮与玉只是界线过渡。工艺界称玉的阴阳面，阴面就是指玉外表的这种石质。

22 如何鉴定和田玉?

鉴定和田玉，主要从颜色、质地两方面考虑。

和田玉颜色以白色和青色为基调，色调比较均匀。白色的白玉，特别是羊脂玉，为和田玉所特有。岫玉和南阳玉也有白色的，但没有和田玉纯正，有的还带有绿色等杂色。青色的青玉，有时与绿色的玛纳斯碧玉和岫玉等容易混淆，要掌握青色的特点，它介于蓝与绿之间。和田玉籽玉有的有皮色，皮色色调多为褐色，限于局部。古玉有的浸色后表皮也呈褐红色，但浸色常不均匀，色泽较深。

和田玉质地致密细腻，滋润柔和，具油脂光泽，给人以柔中见刚之感，白玉尤为明显。其他玉石也有质地细腻的，但是滋润和油脂光泽不及和田玉。清代陈性《玉纪》记载：和田玉“玉体如凝脂，精光内蕴，质厚温润，脉理坚密，声音洪亮”。这些都是和田玉典型特点的表现。

和田玉质纯，杂质极少。杂质常为铁质和石墨，铁质多分布于裂纹处，呈褐色或褐黑色，肉眼可辨。石墨呈黑色，分布于墨玉中，或呈星点状、集合体状，在白玉中呈现黑色星点，或云雾状、条带状黑纹等，俗称“青花玉”。其他玉石一般没有此情况。大理岩可见类似情况，但大理岩非玉石，粒度也很粗，易于区别。

23 独山玉有什么特征?

独山玉也称“南阳玉”或“河南玉”，也有简称为“独玉”的，产自河南南阳市独山。早在6000年以前，古人已开采独山玉，安阳殷墟妇好墓出土的玉器中，有不少独山玉的制品。西汉时曾称独山为“玉山”。

独山玉属钙铝硅酸盐岩类，主要成分为基性斜长石、辉石，少量橄榄石、角闪石、黑云母，可有微量钾长石、石

和田青玉双耳炉

独山玉料

英出现。摩氏硬度为6.0—6.5，密度为2.73克/厘米³—3.18克/厘米³。

由于色泽鲜艳、透明度好等优点，独山玉跻身我国“四大名玉”之列。

独山玉是一种多色玉石，按颜色可分为八个品种：即绿独山玉、红独山玉（又称“芙蓉玉”）、白独山玉、紫独山玉、黄独山玉、黑独山玉（又称“墨玉”）、青独山玉、杂色独山玉。独山玉以色正、透明度高、质地细腻和无杂质裂纹者为最佳。其中以芙蓉石、透水白玉、绿玉价值较高，并且高档独玉中的翠绿色的品种与缅甸翡翠相似，故有“南阳翡翠”之誉。

24 为什么把绿松石列入“四大名玉”？

绿松石童子鼻烟壶

绿松石，也可以简称为“松石”，古人称其为“碧甸子”、“青琅玕”，是有着悠久历史和丰富资源的传统玉石，被列为我国“四大名玉”之一。绿松石在世界珠宝玉石中象征成功与必胜，被定为12月的诞生石。我国地质界老前辈章鸿钊先生在其名著《石雅》中解释说：“此（绿松石）或形似松球，色近松绿，故以为名。”

绿松石是含铜的地表水与含铝和含磷的矿物或岩石作用后在裂隙中沉淀形成的，属三斜晶系。晶体形态呈致密的隐晶质集合体，有时呈皮壳状、结核状，单个晶体极为罕见。颜色多呈天蓝色、淡蓝色、绿蓝色、绿色、带绿的苍白色。具玻璃光泽至油脂光泽，条痕白色，不透明。摩氏硬度为5—6，密度为2.6克/厘米³—2.9克/厘米³。

中国开采绿松石的历史较早，早在新石器时代它就被作为一种美玉广泛使用，历代文物中均有不少绿松石制品。比如河南郑州大河村仰韶文化（距今4400—6500年）遗址中出土两件绿松石制成的28厘米长的鱼形饰物；河南偃师二里头遗址出土大型绿松石龙形器，这个绿松石龙形体长大，巨头蜷尾，龙身曲伏有致，色彩绚丽，龙身长64.5厘米，中部最宽处4厘米；在东北及辽河流域的大连郭家湾、丹东东沟、喀左东山嘴、阜新胡头沟及内蒙古克什克腾旗等红山文化遗址中皆发现绿松石饰物，其中有珠、坠、鱼形坠及鸮形饰等。

目前，已知中国绿松石矿山有鄂西北地区，陕西白河县，河南淅川县，安徽马鞍山，云南昆明、安宁以及新疆哈密戈壁滩、黑山岭等地。

25 岫玉有何特点？

岫玉又称“岫岩玉”、“岫岩石”、“新山玉”，是我国早已被发现的一种重要的玉器原料，是“四大名玉”之一，产于辽宁省岫岩县。

岫玉物质成分复杂，物理性质、工艺美术特点等亦多有差别，因而它不是一个单一的玉种。按矿物成分的不同，可将岫岩玉分为蛇纹石玉、透闪石玉、蛇纹石玉和透闪石玉混合体三种，其中以蛇纹石玉为主。岫玉摩氏硬度为4.8—5.5，密度为2.45克/厘米^3—2.48克/厘米^3。

岫玉的颜色有深绿、绿、浅绿、黄绿、灰绿、黄褐、棕褐、暗红、蜡黄、白、黄白、绿白、灰白、黑等色。岫玉颜色的深浅与铁含量的多少有关，含铁多时一般色深，反之则色浅。岫玉还有强烈的蜡状光泽、玻璃光泽，有的显油脂光泽；微透明至半透明，少数透明。

中国对岫玉的认识和开发利用有悠久的历史，如在距今6800—7200年的辽宁沈阳新乐文化遗址就出土有用岫玉制作的刻刀；辽宁朝阳和内蒙古赤峰一带，距今约5000年的红山文化遗址出土有用岫岩玉制作的手镯；河南安阳殷墟妇好墓出土的一些玉器和河北满城西汉早期中山靖王刘胜墓出土的“金缕玉衣”的玉片，也都有一部分是用岫玉制作的；辽宁建平县出土的“玉猪龙”、内蒙古翁牛特旗三星他拉村出土的“玉钩龙”等，均为岫玉制作。

目前，岫玉的用途很广，大量的优质岫玉主要用于雕成各种山水盆景、人物、动物和茶具、酒具等工艺品。由于美丽的淡绿色及柔和的光泽很可爱，颇受人们青睐，因而其在国内外都很畅销。另外，接近半透明的优质岫玉还广泛用于制作手镯、项链珠、各种小挂件（观音、胖佛及玉元宝等）和健身球等。但因其硬度低，在玉器被擦拭的过程中，容易被磨损而使本来不强的光泽逐渐变暗淡，远不如翡翠玉器那样越擦越亮，故岫玉属低档玉料。

岫玉原石

河磨玉

26 什么叫河磨玉?

河磨玉是岫岩玉中的极品玉，辽宁岫岩县出产。

亿万年前，岫岩地区的透闪石玉矿裸露于地表，经风化后，成为大小不同的块状玉矿石，在被山洪冲下山后，在河水里随卵石一起运动，便磨成卵石状，被称为“河磨玉”，俗称“东北玉”。其色泽绚丽，鲜艳夺目，质地坚硬细腻，敲打时会发出古磬奏鸣般之声，价格较高。

27 蓝田玉有何特征?

蓝田玉因产于蓝田而得名，《汉书·地理志》中提到，美玉产自“京北（今西安北）蓝田山”。后来的《后汉书·外戚传》、张衡《西京赋》、《广雅》、《水经注》和《元和郡县图志》等古书，都有蓝田产玉的记载。

蓝田玉产自于陕西省西安市东南古城蓝田，是一种白色软玉，属于蛇纹石化透辉石矿物，主要成分是硅，呈现黄、白、灰等各种玉色。其中以白色微透明的为上品，经过琢磨后，能呈现出类似玻璃的光泽。摩氏硬度2—6，容易加工，是良好的玉雕和制作工艺美术品原料。

蓝田玉是我国古代的著名玉种。在5000年前的新石器时代，蓝田玉已被先民磨制成石器，陕西历史博物馆珍藏的125件神木石峁龙山文化玉器中，就有一件用蓝田玉制作的菜玉铲。铲呈草绿色，刃端夹有浅褐色，长梯形，体扁薄，平直背残一角，刃微斜，圆穿偏于一边，长16.8厘米，宽7.5厘米，极薄，

蓝田玉摆件

厚仅0.2厘米。

到了战国时期，蓝田玉得到较大规模的开发。甘肃天水市发现的战国大玉钺，有着蓝田玉特有之绿灰色和斑驳的纹理。该大钺体扁平，作板铲状，宽弧刃，两角翘出。钺体两侧有美丽的内收弧线并各透雕两个长方形孔。

对于蓝田玉，我们还要注意一个问题。我们所说的现代蓝田玉实际上是一种假玉，是由方解石和叶蛇纹石、滑石组成的蛇纹大理岩，呈黄色、米黄色、苹果绿色，不能与古代蓝田玉相混淆。

28 孔雀石有何特征?

孔雀石是一种古老的玉料，中国古代又称为"绿青"、"石绿"或"青琅玕"，因颜色酷似孔雀羽毛上斑点的绿色而得名。

孔雀石是原生含铜矿物氧化后所形成的表生矿物，产于铜矿上部的氧化带中。此石多呈块状、钟乳状、皮壳状和同心条带状。它的摩氏硬度为3.5—4，密度为3.9克/厘米^3—4克/厘米^3。

孔雀石的绿色非常丰富，从浅到深，从淡到浓，可谓绿色千种，色色俱全。除此之外，在它的彩色中还具有奇妙多变的花纹，其品质以花纹美丽和色泽鲜艳者为上品。孔雀石的这种独一无二的美丽是其他任何宝石所没有的。

我国很早就把孔雀石作为饰物，在青铜器全盛的时代，它常被用来镶嵌在各种青铜器具上，唐宋以后还被研成粉末制成颜料。

产地：广东阳春市、云南、西藏等铜矿产地均有丰富的出产。

29 何为白玉?

古人最崇尚的玉石是白玉，因为白玉纯洁、无瑕、温润。传说楚襄王想聘庄子做宰相，送他的便是白玉璧；秦晚期，张良曾以白玉璧一对献给项羽……可见，在古代馈赠白玉璧代表最大的敬意，白玉

孔雀石原石

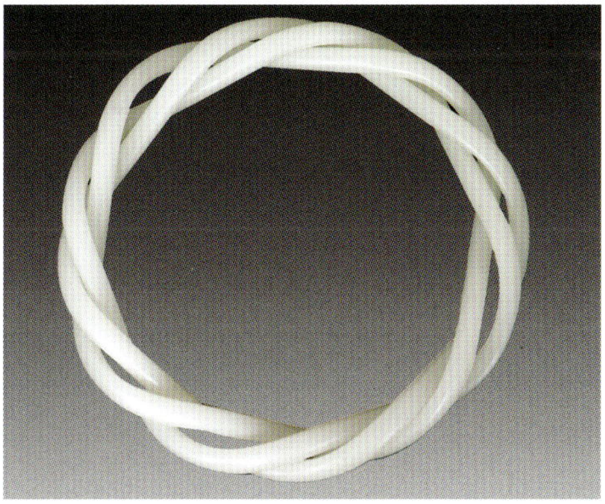

清乾隆羊脂白玉三和环绳形手镯

璧是最高档次的礼品。在《礼记·玉藻》中有“天子佩白玉而玄组绶，公侯佩山玄玉而朱组绶，大夫佩水苍玉而纯组绶，世子佩瑜玉而綦组绶……”的记载，这表明只有皇家贵族才能佩戴白玉。白玉如此珍贵高雅，那到底何为白玉呢？

所谓“白玉”，意即白颜色的玉，不管其产地、种类、质地如何，都可以称为白玉。由于微元素的差异，白玉的颜色又会呈现出不同的白色，有羊脂白、梨花白、雪花白、象牙白、鱼肚白、糙米白、鸡骨白等色。这些都是古人随意起的名，实际上很难区分。

前文中提到和田玉中白玉最为珍贵，而白玉中最佳者为羊脂白玉，这种玉质地细腻，洁白如脂，特别光润，给人以刚中见柔的感觉，是玉中上品。羊脂白玉产出十分稀少，极其名贵，目前在北京故宫博物院和台北故宫博物院的软玉藏品中，羊脂白玉屈指可数。

30 青玉和青白玉有何差别？

青玉四友图双联壶

青白玉镂空双龙戏珠牌

青玉，顾名思义就是指青色的玉。它由淡青色至深青色，颜色的种类很多。古籍记载有蝌子青、鼻涕青、蟹壳青、杨柳青、竹叶青等等。现代以颜色深浅不同，也有淡青、深青、碧青、灰青、深灰青等之分。

和田青玉是和田玉中硬度最高的，又称为“钢玉”，但颜色不如白玉美。青玉以青色为主，但也有在本色上出现小面积糖色（棕褐色或黄色）的，这种青玉又称“糖玉”。糖玉多出现在白玉和青玉中，属于从属地位，因此不能单独划为玉种。

青玉的使用有数千年的历史。殷墟妇好墓中出土的商代晚期和田玉玉器大部分是青玉制作的。到了汉代，在中山靖王刘胜墓中出土的金缕玉衣，主要使用的是和田青玉。及至清代，清宫中的很多器皿都是用青玉制作，故宫所藏大禹治水玉山、叶尔羌玉“秋山行旅图”山子等大型国宝级玉雕就是代表作……

可见，从殷商以来，青玉的使用数量是非常大的。这与青玉在中国历史上产出最大直接相关。

青白玉以白色为其基调，在白玉中隐隐闪绿、闪青、闪灰等，常见的有葱白、粉青、灰白等，属于白玉与青玉的过渡品种，在和田玉中较为常见。

31 碧玉有何特征?

碧玉是软玉中一种较珍贵的品种，意即“绿玉”，在我国以准噶尔盆地南缘的玛纳斯县出产量最大，所以又称“玛纳斯玉”。其玉质呈鲜绿、碧绿、暗绿色，玉石中常常含有黑点，那是因为含有磁铁矿、铬尖晶石等杂质所致。碧玉以色青绿、鲜绿者为贵，有黑色杂质、绿中带灰色的次之。上好的碧玉色如翡翠，粗看易与翡翠相混；但是由于其有黑点，并且在灯下照耀时绿会失色，因此还是极易与翡翠分辨。

清乾隆御制碧玉“樊桐仙侣图”笔筒

碧玉在古代就已经开采，历史悠久，古代妇女常以此作头饰，“碧玉簪”在民间就流传极广。在西汉楚王刘注墓出土的号称“中国第一棺”的镶玉漆棺所使用2095片玉片多为玛纳斯河流域之碧玉。到了唐代宝应年间，政府在天山海拔3800米处开设矿点，所采碧玉作为新疆呈奉朝廷之贡品。碧玉的开采和使用到了清代就更加广泛了。据史料记载，在清代乾隆年间，清政府在玛纳斯设官办绿玉厂，当时用玛纳斯碧玉雕琢各类玉器，碧玉成为宫中普遍使用的玉种。玉工们还善于借鉴绘画、雕刻、工艺美术，集阴线、阳线、平凸、隐起、镂空等多种传统做工于一体，又吸收了外来艺术影响并加以糅合变通，创造与发展了工艺性、装饰性极强的玉器工艺。1986年，扬州玉器厂国家级工艺美术大师顾永骏、黄永顺用重达1.1吨优质玛纳斯碧玉雕刻而成的“聚珍图”玉山，通高120厘米、宽90厘米，以著名石刻为题材，集乐山大佛、大足石佛、龙门大佛和云冈石佛于一体，构成深邃幽秘的福地仙境，现收藏于北京中国工艺美术馆。

32 如何区别翡翠与碧玉?

上好的碧玉，其颜色也是翠绿色，和翡翠差不多，所以有时与翡翠易于混淆，区分起来不是特别容易。总的来看，翡翠的颜色鲜绿，而碧玉的绿色比较逊色。翡翠一般不带有黑点，即使有黑点时，也多为圆点状；而碧玉却很少有不带黑点的，其黑点形状也多为不规则的棱角状。翡翠在灯下色好，碧玉在灯下色灰。翡翠的颜色常具有一定的形状特点，而且有绿筋；碧玉颜色较均匀，无色筋。翡翠的质地多晶莹有神，而碧玉的质地则匀润而性柔。在翠性方面，翡翠的特性是雪片状、蚊子翅之类。这在碧玉中是找不到的，有时凭这一点就可以判定真伪。

33 何为墨玉?

和田墨玉原石

墨玉相当珍贵而稀有，其色重质腻，纹理细致，漆黑如墨，光洁可爱，极负盛名。古人将其与钻石、宝石、彩石并称为“贵美石”。

墨玉的性质与白玉相同，但质地较硬，其玉色由墨色到淡黑色，其墨色多为云雾状、条带状等。在整块料中，墨的程度强弱不同，深浅分布不均，多见于与青玉、白玉过渡。一般有全墨、聚墨、点墨之分。全墨，即黑如纯漆者，乃是上品，十分少见，又被称为“淡墨光”、“美人鬓”等。

黄玉和合二仙宝月瓶

34 黄玉的价值如何?

在中国古代，黄色是皇家独占的颜色，是王权的象征。皇帝的龙袍是明黄色，受宠的臣子被赏赐黄马褂，皇帝出行要打杏黄旗等等。因此黄玉在中国历史上有着重要的地位，在历史上一直被皇家垄断。到了乾隆年间，对于黄玉的追捧更是达到了前所未有的地步。黄玉如此珍贵，那到底何为黄玉呢?

黄玉是软玉的一种，属斜方晶系，

其硬度高于白玉，是不透明体，多淡色，色浓者极少。有鸡油黄、蜜蜡黄、栗子黄、桂花黄等名目。其中鸡油黄最为珍贵，而且是颜色越黄越好。色纯细润的鸡油黄，有时价格不亚于羊脂白玉。清人谷应泰就认为“玉以甘黄为上，羊脂次之”（《博物要览》）。但由于黄玉的出产较少，因此在玉器收藏界流传着这样一句俗语：“世人都晓羊脂好，岂知黄玉更难找。”可见黄玉的材料是极为难得的。

35 玛瑙有何特征?

玛瑙是一种石英矿，其化学成分是二氧化硅。在矿物学中，它属于玉髓类，一般为透明到不透明，玻璃光泽至蜡状光泽，摩氏硬度为6.5—7，密度为2.55克/厘米^3—2.91克/厘米^3。据说，由于玛瑙的原石外形和马脑相似，故有“马脑变石”之说，成为“马脑”，后因“马脑”属玉，才改写成“玛瑙”。

我国古代关于玛瑙的记载很多。汉代以前的史书，称玛瑙为“琼玉”或“赤玉”。三国时张揖所撰的《广雅》中就有“玛瑙石次玉”和“玉赤首琼”之说。

清　玛瑙海棠花式洗

玛瑙色白者为纯正，世间少见。大多因其他金属元素侵入而形成红、黄、蓝、绿、灰、褐、黑等色，有时几种颜色相杂或相间出现，有透明、半透明和不透明者，具玻璃光泽至蜡状光泽。玛瑙因颜色和纹带形态的不同，而有各色名目，如红玛瑙、白玛瑙、绿玛瑙、蓝玛瑙、巧色玛瑙、冰糖玛瑙、水草玛瑙、水胆玛瑙等。其中红色是玛瑙中的主要颜色，而红玛瑙中以红、缠丝红、大红、橘红为上色，暗红、紫红为下色。水胆玛瑙是玛瑙中最为珍贵的品种，特点是玛瑙中有封闭的空洞，其中含有水，以胆大水多为佳。有的“摇撼之，其中有声汩汩然”，是为上品。

玛瑙是我国的传统玉材，在各地的出土饰器中，常见成串的玛瑙珠项饰或玛瑙杯等制品。

36 玉髓和玛瑙是一种东西吗?

矿物学中，玉髓和玛瑙统称为“玉髓”。而在玉石界，人们将其中具有纹带构造的隐晶质石英集合体称为玛瑙，而将无纹带构造的隐晶质石英集合体称为玉髓。

玉髓是自然界最常见的玉石品种，也是人类历史上最古老的玉石品种之一。我国早在新石器时代，玉髓即已作为饰物出现，以后历代不绝。玉髓多呈纤维状、

绿玉髓原石

萤石原石

钟乳状、葡萄状、肾状块体。具蜡状光泽，半透明或微透明。颜色多种，并可按颜色分为如下品种：因含氧化铁而呈红或褐红色者称红玉髓或光玉髓，其中呈血红色者称血玉髓。因含氧化镍而呈苹果绿或碧绿色者，称绿玉髓或澳洲玉；而在这些绿色中分布着深红色小点，状如血滴者称血滴石；呈深蓝色的称蓝玉髓。

碧石是玉髓的一种，为成分不纯的玉髓，又被称为肝石。其成分中含有黏土矿物和氧化铁等矿物杂质，通常表现为不透明或微透明，且光泽亦稍暗于普通玉髓。碧石的颜色丰富，其品种按颜色分而有红碧石、绿碧石、白碧石、黄碧石等。由于颜色十分美观，因此碧石可用作中、低档玉料。

37 夜光玉是什么？

夜光玉是古代著名玉种之一，产自甘肃祁连山，是能产生发光效应的玉种，摩氏硬度为6.5。

夜光玉是一种蛇纹石化大理岩，以白里透绿者为最佳，可与岫岩玉媲美。

38 真的有夜明珠吗？

夜明珠亦称“夜光石”、“夜光璧”或“放光石”。古代著名的夜明珠有“随珠”、“悬黎”、“重棘之璧”、“石磷之玉”等。

夜明珠稀有、珍奇、高贵、华丽、神秘，在我国历史上已自成一种文化。

现已知道夜明珠实际上是一种具有磷光现象的萤石，它因含有各种稀有元素而呈紫红、粉绿、翠绿、墨绿和斑斓状的云雾白色。萤石矿物在结晶过程中，有一种特有的稀土元素进入晶格形成自身的“发光中心”。它的摩氏硬度为4—4.5。

39 祖母绿为何珍贵？

“祖母绿”一词起源于古波斯语，又称为“吕宋绿”、“绿宝石”，与钻石、红宝石、蓝宝石并称世界四大名宝石，是绿柱石家族中最珍贵的成员，其产

祖母绿

地主要有哥伦比亚、赞比亚、津巴布韦、巴西和我国云南南部地区。

祖母绿是一种含铍、铬的硅酸盐矿物结晶体，因含微量铬或钒而呈青翠绿色，氧化铬含量可达0.186%，折光率为1.576—1.582，并有带黄和带蓝绿色的二色性。由于它具有美丽、柔和的绿色，给人以舒适、安详的享受，所以常常看它可以消除眼睛的疲劳。由于硬度高，自然界稀少难得，故其历来为收藏家所青睐，被列为银行库存的“硬通货”。

相传祖母绿是经“丝绸之路”传入中国的，曾先后被译成“助木剌”、“子母绿”、“芝麻绿”等。而对祖母绿的文字记载最早出现于元朝；到了明朝，《明史·食货志》、宋应星的《天工开物》里均提到祖母绿，并且在明十三陵中还有不少祖母绿宝石出土。及至清朝，文献资料对祖母绿有了具体描述，而使用只属于王公贵族等，在慈禧太后的殉葬品中，有两颗重达80克拉的祖母绿宝石。

40 碧玺有哪些颜色？

由于颜色鲜艳、多变而且透明度高，自古以来碧玺深受人们的喜爱，在我国古代特别受到王公贵族及士大夫青睐。在慈禧太后的殉葬品中，有一朵用碧玺雕琢而成的莲花及西瓜碧玺做成的枕头，非常精美，价值连城。

关于“碧玺”这个词，最早出现于清代典籍《石雅》之中：“碧亚玹之名，中国载籍，未详所自出。《清会典图》云，‘妃嫔顶用碧亚玹。’《滇海虞衡志》称：‘碧霞碧一曰碧霞玭，一曰碧洗；《玉纪》又做碧霞希。’今世人但称碧亚，或作璧碧，然已无问其名之所由来者，惟为异域方言，则无疑耳。”

实际上，碧玺就是电气石，指天然的、色彩艳丽的、透明结晶的宝石级电气石。因色彩十分丰富，故其有“多色宝石”或“多色电气石”之称。

“碧玺”一词系工艺名称。宝石级

红碧玺原石

电气石多为镁电气石或锂电气石，属三方晶系，单晶体状，柱面上有纵纹，横切面为球面三角形，集合体为棒状、放射状、纤维状、囊针状、致密状。据说碧玺晶体的颜色多达15种复色，颜色以无色、玫瑰红色、粉红色、红色、蓝色、绿色、黄色、褐色和黑色为主，其中更以通透光泽的蔚蓝色、鲜玫瑰红色及粉红色加绿色的复色为上品。根据颜色、透明度、光学效应及质地等差异，可将碧玺分为“红碧玺”、“绿碧玺”、“巧色碧玺”、“西瓜碧玺”、“猫眼碧玺”等多种。

碧玺的主要产地有巴西、美国、马达加斯加、坦桑尼亚、肯尼亚、斯里兰卡、缅甸、阿富汗、尼泊尔、俄罗斯、意大利和我国的新疆阿勒泰地区。

41 青金石有何特征?

青金石又称“天青石”，是一种由青金石矿物组成的玉材，常含方解石、黄铁矿、透辉石等，没透明度和变化的光泽。摩氏硬度为5—5.5，密度为2.7克/厘米^3—2.9克/厘米^3，折光率为1.5。新疆、西藏等地多有出产。

青金石玉质呈独特的蓝色，有深蓝、鲜蓝、天蓝、淡绿蓝、紫蓝等色，因含黄铁矿，故而有金色的斑点，称“金星”。这些金星犹如布满蓝天的星星，或如金屑散乱，光辉灿烂。这正如我国近代著名的地质学家章鸿钊在《石雅》一书中所写：“青金石色相如天，或复金屑散乱，光辉灿灿，若众星之丽于天也。”故古人尊青金石为“天石”，用作礼天之宝。《清会典图考》中称：“皇帝朝带，其饰天坛用青金石。”青金石的质量就是以色、金为标准进行评定的，质纯色（靛蓝）浓、金星灿烂均匀者则为上品。青金石因蓝得非常深沉而纯正，古人以此达“升天之路”，故多用来制作皇帝的葬器。

清青金石山子

42 琉璃是什么东西?

“琉璃”是外来语音译词汇，源于梵语“吠努离耶”，意思是“远山之宝”。其实，其本质就是现在的玻璃。“琉璃”一词传入我国是汉代以后的事，其古老名称有流離、瑠璃、瑠璨、谬琳、鸣球、天球、璀瑜等。佛教传入中国以后，又称之为“壁琉璃”、“吠琉璃”、“毗琉璃”等。

隋代琉璃瓶

梅花玉摆件

琉璃是中国五大名器（金银、玉翠、琉璃、陶瓷、青铜）之一、佛家七宝（金、银、琉璃、颇梨、砗磲、赤珠、玛瑙）之一，可见其珍贵。对于琉璃，古籍中大概有三种说法：（1）指玉石，半透明。如《后汉书·西域传·大秦》中记载："土多金银奇宝，有夜光璧、明月珠、骇鸡犀、珊瑚、虎魄、琉璃、琅玕、朱丹、青碧。"（2）指琉璃釉料，常见的颜色有黄、蓝、绿、白、孔雀蓝、茄皮紫等颜色，多加在黏土的外层，烧制成琉璃瓦等。如《西京杂记》卷二提到："（昭阳殿）窗扉多是绿琉璃。"（3）指古代玻璃，其所含的元素是铅和钡。如《魏书·西域传·大月氏》记载："其国人商贩京师，自云能铸石为五色琉璃。于是采矿山中，于京师铸之。既成，光泽乃美于西来者。"

43 何为梅花玉？

梅花玉主要产自于河南汝阳县，又被称为"汝州玉"，经磨光加工后，因呈现美丽的梅花图案或其他花纹而得名"梅花玉"。

梅花玉属硅化杏仁状安山岩，是由火山中喷发出的岩浆冷凝而成的。摩氏硬度为6—7，密度为2.74克／厘米^3。优质梅花玉玉质致密、细腻、坚韧，为黑、褐红和灰绿色，以黑底色为佳。梅花纹颜色有红、绿、白，以三色花纹同时出现在黑底色上的多色梅花玉为精品，少数呈紫红色，具油脂光泽，微透明。

梅花玉是我国古代著名品种之一，其开采和使用始于商周时期，考古学家曾在商周遗址中发现了许多梅花玉装饰品。至东汉初期，梅花玉被光武帝封为国宝。《水经注》载：“紫罗（汝阳一山名）南十余里，有玉床、洞雪百丈，其玉缜密，散见梅花，曰宝。”

44 何为密玉？

密玉因主要产地位于河南新密市城西部而得名，又称“河南玉”。它是沉积变质石英岩，含有铁锂云母矿物质，摩氏硬度为6—7，密度为2.63克/厘米^3—2.7克/厘米^3。

密玉的玉质致密细腻，性脆如白玉，玉体呈半透明或不透明状，属于中低档玉料，可雕刻成各种摆件和饰品。密玉的颜色包括橙红色、苹果绿色、灰绿色、紫灰色、绿色等。也有一些密玉为后期上色。密玉在古时即被开采利用，多用来制作烟嘴、手镯等小件。

密玉手镯

45 昆仑玉有何特征？

昆仑玉又称“青海软玉”，产于青海格尔木市昆仑山，是一种阳起石软玉，成分中透闪石占95%，阳起石占2.2%，晶体呈毡状、隐晶结构。摩氏硬度为6—7。昆仑玉细腻均匀、晶莹剔透、光泽滋润、透明度高，可分白玉、灰玉、青玉、白加翠、糖包白等。昆仑玉中的“白加翠”是白中带有碧绿的玉质颜色，纹理细腻独

昆仑白玉藕荷童子

清代灵璧石摆件

特，色泽美丽丰富。这种玉是昆仑玉所独有的，非常奇特。

昆仑玉与和田玉可以说是大自然中的孪生兄弟，两者同处于一个成矿带上，昆仑山东段出产的软玉曰“昆仑玉”，昆仑山西段出产的软玉曰“和田玉”，直线距离不过300公里。因此它们在物质组合、产状、结构特点上基本相同，只是在物性的某些方面略有不同。

46 酒泉玉有何特征?

酒泉玉产于甘肃酒泉市附近祁连山中，故又称“祁连玉”。

酒泉玉属蛇纹石族玉石，与岫岩玉相同，但玉色极易与岫岩玉相区别。酒泉玉呈半透明状，以绿色为多，带有均匀的黑色斑点。其结构致密，色泽鲜丽、柔和，摩氏硬度为4—7，有较高的工艺欣赏价值和经济价值。其雕制品细腻、滋润，具半透明感。

酒泉玉的开采始于新石器时代，距今4000多年的齐家文化所出土的精美玉璧，即以酒泉玉制成。唐代诗人王翰《凉州词》中提到“葡萄美酒夜光杯，欲饮琵琶马上催”，此夜光杯据说也是用酒泉玉所制。

47 何为鸳鸯玉?

鸳鸯玉是一种蛇纹石质软玉，产于甘肃武山县鸳鸯镇。其化学成分是蛇纹石、碳酸盐、滑石、磁铁矿及铬尖晶石等，摩氏硬度为6。鸳鸯玉的历史悠久，陕西碑林博物馆陈列的秦始皇所用碗、斛等都为鸳鸯玉琢成。

48 灵璧玉是玉吗?

灵璧石因产于安徽灵璧县而得名。虽为古代名玉之一，但实际上灵璧玉不能算玉。它其实是元古代碳酸盐夹叠层石灰岩，即灰岩或白云质灰岩，故又称为“灵璧石”。摩氏硬度为3—4，密度为2.73克/厘米^{3}左右。

灵璧玉色泽艳丽、纹饰美观、质地致密坚韧。乾隆帝曾赞誉它为“天下第一石”。其品种颇多，最著名的有红皖螺、灰皖螺及磬云石。其中磬云石为隐晶质石灰岩，由颗粒大小均匀的微粒方解石组成，因含金属矿物及有机质，岩石颜色漆黑，抛光后镜面异常光亮，能显映物影，

酒泉玉原石

相当美丽。不仅如此，它还能发出八音，为制作古乐器的优质材料。历代用它制磬，故又名“磬石”。

49 煤玉是煤还是玉?

煤玉又叫“煤精”，古人称“石墨精”。它生成于距今约3000万年的新生代第三纪，藏身在几十米或数百米的煤海之中，上复盖着矸石、煤炭，下边才是煤玉。其摩氏硬度为2.5—4，密度为1.30克／厘米^3—1.35克／厘米^3，折射率为1.66，可雕性良好。

煤玉用作饰物已有悠久的历史。在距今7000多年前，沈阳新乐新石器时代遗址中所出土的文物中就有煤玉珠、煤玉耳珰等煤玉雕制品。然而煤玉雕刻艺术真正成为一门工艺，还是近百年的事情。

煤玉产自辽宁抚顺、内蒙古鄂尔多斯盆地，山东新汶、枣庄、兖州，山西浑源、大同等。

松耳石摆件

50 松耳石是玉吗?

松耳石在国外被称为“土耳其玉”。这是一种含铜、铝和水的磷酸盐矿物，质地细腻，具半油脂状到蜡状光泽，颜色多呈天蓝、暗蓝、蓝绿和绿色。松耳石以呈现极为鲜明的、浓艳的天蓝色为最优，绿色其次。摩氏硬度为4—5.3，密度为2.6克／厘米^3—2.8克／厘米^3。

松耳石是我国古老的传统玉石。“松耳石”一名始见于《清会典图考》，它的古名今已很难考证。元代称“甸子”，因其产于波斯尼舍卜（今伊朗尼沙普尔）地区，故称“回回甸子”；而产于我国湖北襄阳地区的，称为“襄阳甸子”，襄阳是我国松耳石的主要产地。

51 水晶有什么特点?

水晶的矿物成分为二氧化硅，属三方晶系，晶体呈六方柱状，即由六个柱面和六个棱面组成的六棱柱体。它具有玻璃光

清水晶双耳十角杯

泽，摩氏硬度为7，密度为2.66克/厘米^3。因颜色的不同或包裹体的形状而定名。无色的称“水晶”，紫色的称“紫晶”，黄色的称“黄晶”，红色的称“红水晶”，烟黄褐色的称“烟晶”、“茶晶”，黑色的称“墨晶”；有细如毛发之针状包裹体者称“发晶”，有粗如鬃毛之针状包裹体者称“鬃晶”，有含水珠滚动包裹体者称“水胆水晶”。此外，还有含杏一枝的，竹一片的。

我国水晶使用的历史很悠久，早在新石器时代就开始使用了，以后历代的墓葬和出土文物中都可见水晶制品。

芙蓉石又称为“红水晶”、“玫瑰水晶”、“蔷薇石英”。摩氏硬度7，密度为2.65克/厘米^3。其化学成分主要为二氧化硅，透明或半透明，是水晶的一种。

52 猫眼石有什么特点?

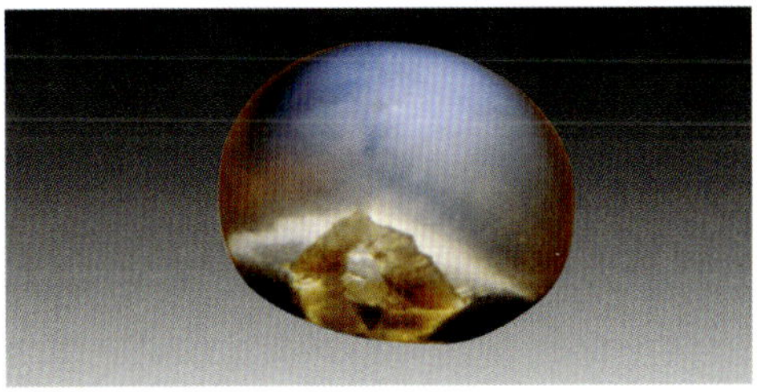

猫眼石

猫眼石，俗称“猫儿眼”，古称“狮负”，在矿物学中是金绿宝石中的一种，属金绿宝石族矿物，摩氏硬度8.5，密度3.71克/厘米^3—3.75克/厘米^3。猫眼石表现出的光现象与猫的眼睛一样，灵活明亮，能够随着光线的强弱而变化，因此而得名。这种光学效应，称为“猫眼效应”。猫眼石颜色繁多，如蜜黄、褐黄、酒黄、棕黄、黄绿、黄褐、灰绿色等，尤以蜜黄色最为名贵。

53 汉白玉是玉吗?

汉白玉不是玉，是一种纯白色的白云质大理岩，为名贵的石雕材料之一。如北京天安门前的石华表、石雕、栏杆、云龙等均为古代汉白玉的杰作。

汉白玉主要产于北京房山区、江苏铜山县、湖北郧县、河南嵩山、四川宝兴、新疆哈密等地。

54 东陵石是中国的特产吗?

东陵石又称“冬陵石”，是一种含铬云母的油绿石英岩，其色很美。原产于印度，又被称为“印度玉”。和佛教一起传入中国，在隋唐五代十国时期就有使用。

55 绿滑石是玉吗?

绿滑石又名“绿冻石”，是开采菱镁矿、滑石矿的副产品，色绿似冻，初名“绿滑石”，后又名“绿冻石”。呈淡绿、黄绿、绿、深绿等色，具蜡状光泽，

木变石三多纹笔插

微透明至半透明。摩氏硬度为2.5—2.8，密度为2.8克／厘米^3。质地致密细腻。在古代也用来做玉石材料。

56 木变石是木头变成的吗?

木变石是木头形成的化石，产于河南淅川县、内乡县，因其外貌似木质而得名。

木变石质地致密坚硬，摩氏硬度为7。有黄、黄褐、褐紫、蓝、蓝绿、蓝灰等色。其中黄色而具有猫眼效应的称为“鹰睛石”，褐蓝相间的则称为“斑马虎睛石”，以鹰睛石价值最高。优质的鹰睛

红山文化黄玉镯

石，蓝色美丽，主要用于制作手镯、戒面等。具有猫眼效应的虎睛石，则主要用于制作手链珠和项链珠，也有以大粒原料制成蛋形戒面的，但因猫眼死板，价值不高。

57 东方玉、西方玉和南方玉产地各在哪里?

“东方玉”是一种蛇纹石和透闪石共生的矿物，摩氏硬度在4.5—5.5之间。早期出产于我国中原和沿海地区的玉被称为“东方玉”。这些地区包括北京昌平、河南南阳、辽宁岫岩、吉林集安和陕西蓝田以及太湖流域。从新石器时代到商代中期的古玉，大都使用此类材料。

由商代晚期起，又有一类玉加入了中国玉器的行列，主要出产于我国新疆南部和贝加尔湖一带，被人们称为“西方玉”。这类玉是透闪石和阳起石的混合矿物解闪石。从商代后期直至汉代这一阶段，西方玉逐渐成为中国玉器的重要玉料。

南方玉又称南玉，因其产于广东省的信宜，故又称为“信宜玉”。又因类似岫玉，亦有“南方岫玉”之称。南方玉开采史不详。这类玉由蛇纹石组成，并含有少量金云母、滑石、方解石、透闪石、绿泥石等，由于具有较美丽的绿色花纹，故适合做大型玉雕摆件。

刀工纹饰篇

玉雕工艺

58 古代采玉的方法有哪些?

古代采玉方法有拣玉和捞玉、挖玉、攻玉等多种方法，用以分别开采产于不同地方的玉石。

（1）拣玉和捞玉。拣玉和捞玉是古代采玉的主要方法，就是在河滩和浅水河道中拣玉石、捞玉石，主要在秋季和春季进行。这种季节性采玉，古代文献多有记载，如五代高居诲《行程记》中说："每岁五六月，大水暴涨。则玉随流而下，玉之多寡由水之大小。七八月水退，乃可取。彼人谓之捞玉。"清代乾隆皇帝有诗云："于田采玉春复秋，和田捞玉春秋贡。"在乾隆年间采玉有严格规定，如乾隆二十六年（1761）规定，每年春、秋两季在玉龙喀什河和卡拉喀什河采玉两次。乾隆四十八年（1783）增添桑谷、树雅两处采玉。乾隆五十二年（1787）停采春

开采出来的和田玉山料

清代青玉采玉图山子

玉，只在秋天采玉。民间采玉，清代前期白玉河严禁民间捞玉，政府在河边设关卡十多处，以稽查私采玉石者。直到嘉庆四年（1799）才开玉禁，规定在官家采玉之后或官家采玉范围之外进行，人们在白天或晚上分散拣玉或捞玉。

（2）挖玉。挖玉指离开河床在河谷阶地、干滩、古河道和山前冲积、洪积扇上的砾石层中挖寻和田玉砾，这些地方的玉也是由流水带来的。著名的挖玉地点是玉龙喀什河东岸，洛浦县吉牙乡的古马特。

（3）攻玉。古代攻玉有两种含义，一是指加工琢磨玉，一是指开采玉。一般主要是指开采山玉，即开采原生玉矿。采山玉比拣玉难，玉石在昆仑雪山之巅，交通险阻，高寒缺氧。

59 什么叫剖玉?

人们采集到的玉料，常常是像块块天然石头那样的玉璞，要把它的外表所包

裹的玉皮剖切掉，才可显出内里的玉质。然后还须将玉料剖切成片状，才能进入雕琢程序。

60 如何相玉？

“相玉”又称“开眼”。玉料的原石即玉璞，表面多没有光泽，与普通的石头一样。因此就需要慧眼识玉，判断其内在色泽、品质的优劣，再根据玉质、纹理、色泽等来考虑如何因材施艺。

清代谷应泰《博物要览》中说：“凡石韫玉，但将石映灯看之，内有红光，明如初出之日，便知内有玉也。若无玉者，则黑暗光。”

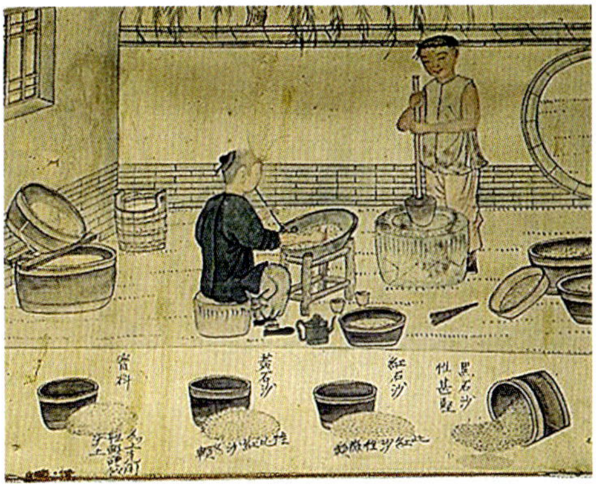

《琢玉图》之捣沙研浆图

61 古代切割玉料有哪些技法？

雕琢中采用錾砣或铡砣切割玉料，用行话说就是“錾”、“扣”、“标”、“划”。

《琢玉图》之开玉图

錾：就是用錾砣剔除玉件上的小块余料；

扣：用锯片从原石两面进刀交汇形成“V”字形豁口，取出尖角形玉料，用这种方式剜出中间部位的玉料称为扣；

标：就是用锯片切除玉件的余料，无论切角、切棱都称“标”；

划：切割玉料中间的多余部分，切口两侧为直立或斜立，不能采用扣切，这样就必须用錾砣平行锯割多余部分料数刀，切割深度和厚度要求基本一致，然后用“掰刀”将切成片状的余料掰断，这样就形成沟槽，底部不平可用锯片将其逐渐弄平。这就称为“划”。

62 古代制作玉器的工序有哪几道？

纵观我国传统玉器制作的发展史，可以将我国古代玉器的制作过程大致归纳为四道工序，即：选料、设计、琢磨、抛光。

第一步选料。主要针对玉石原料进行分析和选择，以决定制作成何种适合的玉器。观皮察色是选料的第一环节，如玉料外皮厚薄如何，是否有利用价值等。选料的第二个环节就是看性，分析玉料的性质是硬性还是软性，是冻性或者干性。在构思设计上就要考虑到顺性制作，这样才能避免在制作时损毁玉料。第三个环节要看出玉料中的杂质。在玉器的制作过程中必须想方设法将这些杂质剔除掉，即使无法剔除，也要尽量把它掩盖住。只有选料得当，才能加工出好的玉器。

《古今图书集成》中的琢玉图

第二步设计。将设计好的图样画到玉料上，先完成大的轮廓和造型，再完成细节上的描绘。

第三步琢磨，即琢玉。这是玉器制作最关键的一环，也是玉器制作最独特的技术。同石料相比，玉料的硬度更高，再加上不同的玉石也各有不同的玉性。因此玉料的琢磨比加工石料更要花心思。这正如《诗经》中所说："如切如磋，如琢如磨。"琢玉时，制作者必须根据设计要求，通过砣具实施切割、去地、钻孔、镂空等各种工艺，一点一滴地细心琢磨，从而达到器物造型逼真、形象生动的艺术效果。

《天工开物》中的琢玉图

第四步抛光。抛光就是为了使玉器更加艳丽精美，使之具有玉料特有的光泽；但决不能损伤、破坏玉器造型和纹饰。

以上各项工序，要求细致专一，精益求精。当然，我国古代玉器的制作远不止如此。如清代李澄瑶所著《古玉图说》曾记载了当时玉器制作的全过程，从备料到成型大致要经过13道工序。可见玉器的制作实际要复杂得多，并且随着时代的不同又有不同的要求，在此只作了简单陈述。

63 古代琢玉有何特点？

古代制玉技法，源于制作石器。原始时代，玉器的制作和加工，只能是极其简陋的骨制、木制或石制的工具进行简单的手工打磨和钻孔。在此后漫长的岁月中，我们的祖先经过世代积累，逐步创造出一套《诗经》里所说的“如切如磋，如琢如磨”的加工工艺过程，其生产方式则是最简单的木凳制作；玉工用双脚上下踩动，通过皮带带动金属圆盘旋转，施以切割和雕琢之工。琢玉艺人长期俯伏在水凳之上，一手持着玉料，一手拿着自然矿砂，手碾脚踩，汗水淋漓，从事着异常艰辛的劳动。

一件玉器作品的完成，少则需数月，多则经年，甚至还有隔代之作，无数玉工为此耗尽了毕生的心血。尽管玉器的品种一代代增加，艺术造诣在一代代深化，尽管玉文化的光辉历千古而不衰，但其所使用的工具和琢制方法在历经原始、奴隶和封建三种社会制度的转换后，始终未有多大的改变。

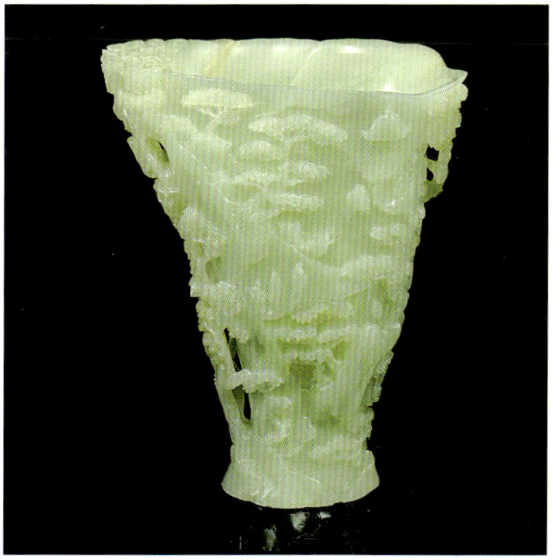

清乾隆御制白玉雕上方山角杯

64 何为切、磋、琢、磨？

切、磋、琢、磨是玉石器所用的工艺程序。切，即解料，解玉要用无齿的锯加解玉砂将玉料分开；磋，是用圆锯蘸砂浆修治；琢，是用钻、锥等工具雕琢花纹、钻孔；磨，是最后一道工序，即抛光。

制作玉器，先秦时期称“琢玉”，宋代称“碾玉”，今称“碾琢”。

《琢玉图》之冲砣图

65 何为铡、錾、冲、轧和锯切？

铡、錾、冲、轧是玉石做细工时用的工艺步骤。铡，将粗绘轮廓中不能锯割的多余部分铡除掉；錾，按照设计的构思进行雕刻，让玉料初步成型；冲，对玉料进行琢削，将那些棱棱角角磨掉；轧，对玉件的细微部分进行加工。

锯切是玉雕的重要手段，将大块玉料切割成合适的块度，将玉料錾出基本雏形都必须使用锯。雕琢过程中一些技术也需要锯，如镂透雕琢等。

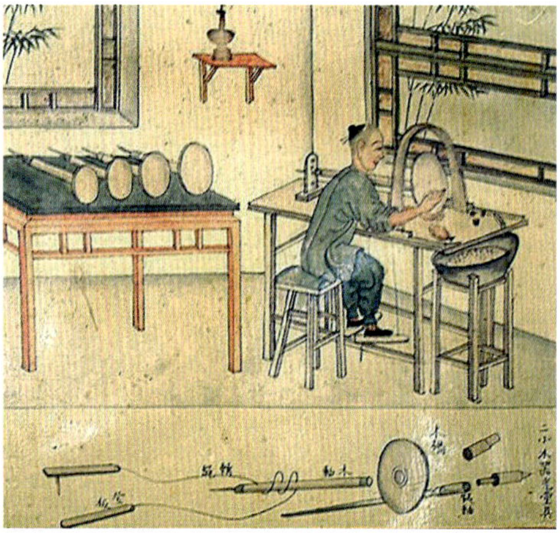

《琢玉图》之木砣图

66 古代玉雕的常用工具有哪些？

古代玉雕最重要的工艺有钻孔和纹饰，钻孔多用管钻，纹饰则由砣具碾出或刀具刻出。因此古代的琢玉工具有锯料工具、砣具、钻、水凳、刻刀、锼弓子等，此外还有抛光、打磨等用的辅助工具。

砣，是玉雕行业非常古老的名称，是用来打磨玉器的轮子。有木制的、铜制的，常用的是铁制的。后来所有切割、雕刻玉器的工具均称为“砣”。

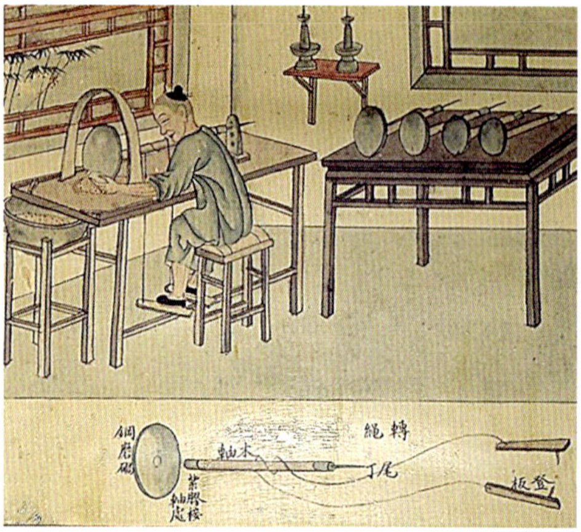

《琢玉图》之磨砣图

钻，是玉雕的重要工具之一。玉雕中钻孔是必不可少的工序，早在新石器时代就已出现。如玉璧等器物，要是玉璧中间没有孔，就不能称之为玉璧了。钻有管钻和实心钻两种。管钻通常用来钻不透的大孔，如圆形的眼睛，也可以钻玉镯等中间大孔；实心钻用来钻透孔，如玉璧的圆孔。钻法也有两种，一种为一面钻，另一种为两面钻。

针钻是一种在玉器上打小孔的方法，如项链珠子所需要穿的孔等等，就是用这种方法打出来的。这是一种需要很高技艺的穿孔方法。

在玉器制作过程中，有些纹饰要用刻玉刀描绘。早在新石器时代就有了刻玉刀，当时的刻玉刀应该为一些硬度高于软玉的燧石、石英等。还有一种传说中的刻玉刀——昆吾刀。在《海内十洲记·凤麟洲》中记载：“昔周穆王时，西胡献昆吾割玉刀及夜光常满杯。刀长一尺，杯受三升；刀切玉如切泥。”但这只是传说，昆吾刀根本不存在。

锼弓子是一种用来镂雕的工具，形似

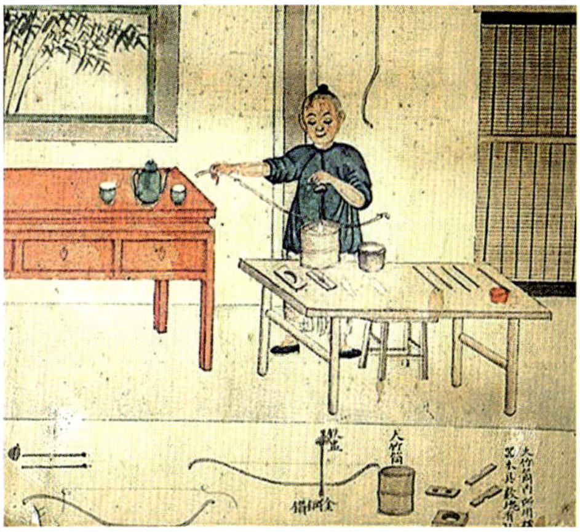

《琢玉图》之打眼图

拉二胡的弓，所用的弦为金属丝。这种工具始于殷商，历代都有使用，并且有所发展。

古人利用简单的工具配以解玉砂就可以雕琢出非常精美的玉器。解玉砂是一种研磨料，古代一直使用天然产出的解玉砂，为硬度很高的矿石，如石英砂等。

67 圆雕和浮雕有何区别？

圆雕是玉雕的一种造型手法之一，即三维立体地雕刻造型，也称为“立体雕”。多用来雕琢陈设玉器。

浮雕是在平面上雕刻出凸起的图案或造型，把纹饰周围的地子去掉，使纹饰高于地子的技法。可分为高浮雕和浅浮雕。

高浮雕是不作镂空的，大量使用阴线雕制图案，使作品的立体感很强，以平面雕刻为主，略作有立体感的层次，又名薄地阳纹。

浅浮雕叫减地阳纹，也称减地平凸，使纹饰浅浅地凸出于地（平面）之上。

西汉圆雕玉舞人

68 透雕和平雕相同吗？

透雕是指透空雕，即在浮雕作品中保留凸出的物象部分，而将背景部分进行局部或全部镂空，又称“镂空雕”。

透雕玉器外面看起来是完整的图案，但里面是空的或者里面又镶嵌小的镂空物件。这种玉器造型更丰富，更有立体感和灵动感。

平雕即在薄片状的玉石平面上雕刻纹饰，分为阳刻和阴刻。

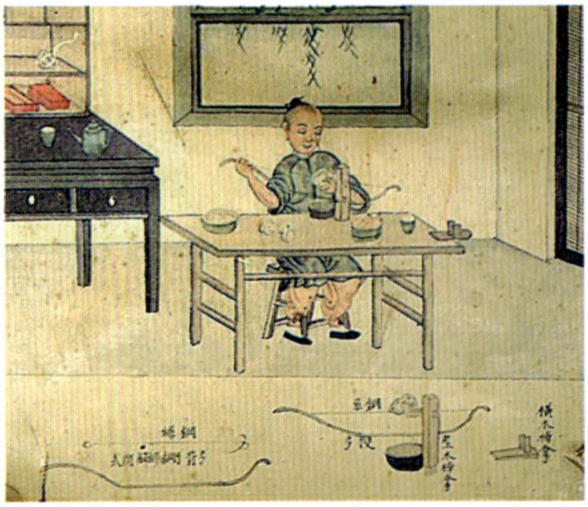

《琢玉图》之透花图

69 通雕、内雕和微雕有什么不同？

通雕吸收了圆雕、浮雕、阴刻以及绘画的某些长处，融会而成为一种独特的形式，是一种多层次的雕琢方式。

内雕，是深入玉料内部雕出圆雕及浮雕造型的玉雕手法。

微雕是一种精细微小的平雕，即在显微镜下施刀，在玉器表面进行精工细雕，多用来在玉器上雕刻诗词、绘画等。

西汉九螭龙璧

70 阴刻、阳刻和斜刻有什么不同？

阴刻即凹刻，是把所要表现的对象“凹”下去，在平面地子上雕琢出勾线花纹。阴线纹即利用阴刻的方法，在玉器表面刻画出凹下的线纹。

阳刻即凸雕，先勾出两条平行的阴线，把中间的线凸出来，形成浅浮雕的效果。阳线纹即利用阳刻的技法，在玉器表面磨出凸起的线纹，故又可名为“减地起线”，即把起阳线以外的地子磨减下去，阳线自然会凸起来。

斜刻其实是阳刻的简化，即用较宽阴线刻槽，使底槽深浅不一，呈倾斜形。用这种工艺雕琢的玉器轮廓雕刻得很深。

71 什么叫勾撤？

清嘉庆金嵌珠宝金瓯永固杯

勾撤是两种琢玉刀法的组合。按照图案纹样勾出阴刻线条，线条深而似沟，这就是勾。然后把阴刻线一侧的壁碾磨成一定的坡度，剖面为三角形，叫做“撤”。采用勾撤法雕琢的玉器，线条多为直线，转弯处角度很大，似方折，刚健有力。

72 镶嵌和嵌丝相同吗?

镶嵌是指玉器某部位嵌入与本器物相同或不同材料的饰件的工艺方法。在玉器上可以镶嵌宝石和其他材料，也有的将各种玉石镶嵌在金银器上。

由镶嵌工艺制作的玉器色彩丰富，材质丰富，极具工艺价值和审美价值。

嵌丝是镶嵌的一种，即在玉器上用镶嵌金丝或银丝的工艺来制作纹饰，古代又称“金银错”。有些玉器嵌入金丝或银丝时还嵌入宝石，金丝或银丝和宝石一起组成华丽的卷草纹样，这种工艺称为“嵌金银丝嵌宝石”。有些玉器镶嵌了很多宝石，以做成山水、人物、花鸟、楼台等形象，多用于屏风，这种镶嵌工艺称为“百宝嵌”。

73 什么叫薄意和游丝毛雕?

薄意，即极浅薄的浮雕，因雕刻层薄而富有画意，故名。原是寿山石雕的专用名词，玉器行业中借用该词。

良渚文化玉三叉形器

游丝毛雕始于春秋战国，盛于汉代，汉代以后失传，是一种多条细阴线并列使用的刀法。其效果为细线如发丝，似断不断，若隐若现，婉转飘逸，犹如古画上的游丝描，故名。

74 何为“跳刀”?

战国时期已经成熟的“游丝毛雕”技法到了汉代达到炉火纯青的地步，构图准确，细纹刻画精细入微，线条走势婉转秀逸，但若断若续，后世称之为“跳刀”。这种线条在玉璧、玉人、佩饰上大量出现，有的还配以极小的细线刻圈，是识别汉玉的主要标志。

75 何为“汉八刀”?

“汉八刀”是汉代玉器加工工艺中特有的一种琢玉技法，即采用简练的线条

龙首纹玉环

进行刻画，刀法粗犷有力，刀刀见锋，刚劲挺拔，神态逼真，线条无刀痕残留，主要用于玉握、玉含、玉翁仲等器物中。

76 “巧作”是什么意思?

巧作工艺又称“俏色”，即利用玉石的各种天然色彩和纹理特点，巧为雕刻，因材施艺，以形象上的逼真效果，使其更加生动活泼。

“留皮作”是一种特殊的巧作工艺，即利用玉石的原皮色表现玉器所要表现的形象。这样一方面表现玉石的天然之

西周斜刻凤鸟纹圆形佩

美，另一方面精美的玉皮和精美的雕工相结合，更加丰富和扩张玉器的表现力。此外由于宋代仿古玉器盛行，当时很多玉工多利用留皮来借色表现仿古玉器的沁色。

77 双坡刀法和单坡刀法相同吗?

双坡刀法和单坡刀法都是西周盛行的刀法。双坡刀法又名“双勾线”、“双勾刀法”、“勾撤法”。其基本效果为两条比邻的阴刻线，相向斜成减地，凸起当中的一条阳线纹。

单坡刀法是在双坡刀法的基础上发展起来的。即双阴刻线平行，一条阴线平直琢磨，另一条斜磨，产生阳纹凸起的效果，俗称“一面坡”。

78 花上压花和叠洼花工艺相同吗?

花上压花即在玉料的平面上镂雕出前后两层或多层图案，极具立体感，是明代玉器制作的特色。

叠洼花，是玉器花纹雕刻工艺的一种。其所成花纹的基本效果为一凸一凹，非常有层次，呈叠洼状，故名。

79 何为薄胎工艺?

薄胎工艺，最初用于痕都斯坦玉

清白玉浅刻乾隆皇帝御题玉牌

器，又称为“痕都斯坦做工”，清乾隆时期传入中国。制作薄胎玉器需要选料适当，加工精湛，玉器的厚薄要求一致。因此制成的玉器器形端庄别致，装饰繁简相宜，非常轻盈玲珑，呈现出莹薄如纸的效果。

80 内画和刻字的差别是什么？

内画即在水晶、玛瑙等透明度较好的材质内壁绘上一定图案，从外观赏显得别有一番情趣。内画工艺使用的工具是钩形毛笔，笔伸入内膛，眼在外观察落笔部位，勾画画面。

刻字指在已成的玉器上琢刻诗文、款识、年号及一些吉祥文字，尤其是一些诗文。刻字玉器往往能结合玉器的纹饰图案，将中国传统的诗书画特色在玉器上表现出来。

81 “两明造”的意思是什么？

“两明造”即在玉片的正反两面镂雕出各种各样的纹饰。这种工艺做工精细，需要很高的技艺，最早出现于清代。

82 何为掏膛？

瓶、碗、杯等玉器，须将腹膛内的玉料取出来，这一工艺流程称为“掏膛”。据清代李澄渊《玉作图》可知，古代掏膛工具有钢卷筒等。

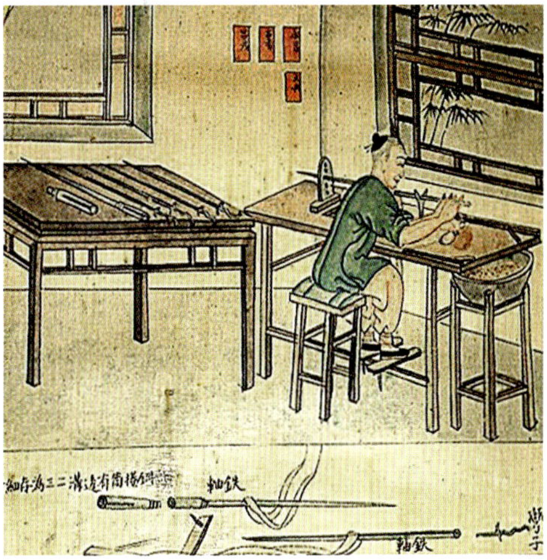

《琢玉图》之掏膛图

83 抛光和上蜡有何差别？

抛光又称“光亮”、“光活”，是琢玉的最后一道工序。玉器成品后都需要抛光，即把玉器表面磨细磨匀，使其光滑明亮，古代多为人工抛光。

玉器的上蜡也称“过蜡”，是玉器成品在抛光之后通常要进行的一道工序，实际上这不是对玉器的加工工序，而是对玉器的处理工序。通常有蒸蜡和煮蜡两种方式。

清代双螭耳玉瓶

84 近代玉器制作的主要流派有哪些？

南派以广州为代表，其玉雕工艺由于长期受竹木牙雕工艺和东南亚文化的影

清巧作虾

响，擅长镂空雕与多层玉球雕琢，高档翡翠首饰的雕琢也独树一帜，形成“南派”艺术风格。

“北派”以北京、天津为代表，作品以薄胎著名，善于利用玉色制作巧雕，庄重大方、古朴典雅。

“扬派”以扬州为代表，其玉雕讲究章法，工艺精湛，造型古雅秀丽，善于山子雕琢艺术。巨型的玉雕著名，最具特色，如碧玉山子“聚珍图”，白玉“大千佛国图”、“五塔”等，都被国家作为珍品收藏，永久保存。

“海派”以上海为代表，以器皿（以仿青铜器为主）之精致、人物动物造型之生动传神为特色，雕琢细腻，造型严谨，庄重古雅，代表大师有“炉瓶王”孙天仪、周寿海，“三绝”魏正荣，“南玉一怪”刘纪松等。

85 北京玉石业的鼻祖是谁？

据传，北京玉器制作业的鼻祖是元代丘处机（1148—1227），丘处机字通

丘处机像

密，号长春子，山东登州栖霞人。

据北京工艺美术界老艺人相传，丘处机有卓越的琢玉工艺，他在主持北京白云观时，将自己这种琢玉技术传给贫苦百姓。后来北京玉石行业就根据这个传说尊崇他为玉业鼻祖。然而在文献上并没有发现丘处机在这方面的记载。

86 什么叫京作、苏作和西番作?

京作即北京制玉，京作玉器品种繁多，风格大气、朴实，多立体器物，造型雄浑厚重，神态生动逼真。做工以立体圆雕、浮雕为主，辅以线刻、镂雕、透雕等，有勾花、勾撤花、顶撞花、打洼等复杂技法，因材施艺，巧用俏色，工艺精湛。京作玉器素有“工精料实”的美誉。

苏作是苏州制玉，代表着南方的工艺，也叫“南方作”。清代时，苏州玉器作坊云集，是制玉最为集中的地方。苏作玉器造型简单，做工单纯，纹饰精美，多为小件器物，如佩饰、花片、玉坠、玉牌、玉环、烟壶等。

西番作玉器就是痕都斯坦玉器。痕都斯坦玉制作从清代开始流行，乾隆时期是西番作工艺最鼎盛时期。西番作的特点是多选用纯白的玉材来雕琢，以实用品为主，如碗、盘、壶、刀把等。清乾隆时有专门的作坊仿制痕都斯坦玉器，琢制了一批造型别致、胎薄如纸、轻巧隽秀、纹饰流畅的西番作玉器。

87 玉器业的“四大怪杰”是谁?

玉器业“四大怪杰”指潘秉衡、王树森、刘德瀛、何荣。

潘秉衡（1912—1970），别名玉饕，中国现代琢玉史上的宗师，河北固安人。14岁辍学后到北京西四羊市大街学玉雕艺术，期满后开设了“恒兴永”玉雕作坊。经多年潜心探求，他的琢玉技术日臻成熟，被誉为北京玉器业“四大

清翡翠留皮作卧牛

怪杰”之首。

王树森（1917—1989），满族，北京人，中国工艺美术大师。自幼随父学画和琢玉，13岁“上凳”练活。不到20岁，就在崇文门外一带琢玉行业中崭露头角，30岁即与当年玉器名家潘秉衡、刘德瀛、何荣三位齐名，被誉为北京玉器“四大怪杰”之一。

刘德瀛（1913—1982），别名米丁，河北霸县人。1928年学做玉器，1936年在北京开玉器作坊。1958年后任北京玉器厂技术厂长，获“老艺人”称号。

何荣（？—1983），是清末民初制玉名匠夏文忠的高足，中国工艺美术大师。

88 玉雕的“三原则”和“四原则”各是什么？

玉雕设计的“三原则”是陆子刚提出的。即：一是玉色不美不治；二是玉质不佳不治；三是玉性不好不治。

“四原则”是由当代工艺美术大师方东亮提出，即：一是顾客欢迎什么就做什么；二是量料取材，因材施艺；三是什么最值钱就做什么，既要兼顾玉雕的艺术性和商品性，又要注重玉雕的社会效益和经济效益；四是制作人员擅长什么就做什么。

玉器纹饰

89 中国古玉纹饰有何特点？

中国玉器文化博大精深，影响深远。单从其纹饰上讲，它也是一部厚重的史册。随着人类社会历史时期的不断发展，玉器的纹饰也经历了日新月异的变化历程，因此在每一个历史时期，都会有新的纹饰出现，也会有些纹饰消亡。有些纹饰几乎跨越了整个玉文化的历史，生命力极强；有些纹饰用过一个时期后就消亡了，存在时间极短暂。如良渚文化玉器上的兽面纹只出现于良渚文化时期，而同时代的纽丝纹却一直用到清代。弦纹出现于红山文化，而只有商朝继承了这种纹饰。而在战国时期出现的勾连云纹、勾连谷纹等等，到了汉代以后就不见使用。到了唐代，在纹饰上出现了胡人形象，主要是因为当时大批西域人

西汉游丝毛雕鸟纹玉璧残器

涌入中原。宋代出现了花鸟纹、持荷童子造型。辽、金元出现了春水、秋山造型。明清出现了山水人物造型、谐意隐喻纹、吉祥图案纹等等。可见玉器纹饰的种类和演变的历程能反映玉器不同的时代特点，因此玉器的纹饰可以帮助我们鉴别玉器的年代和真伪。

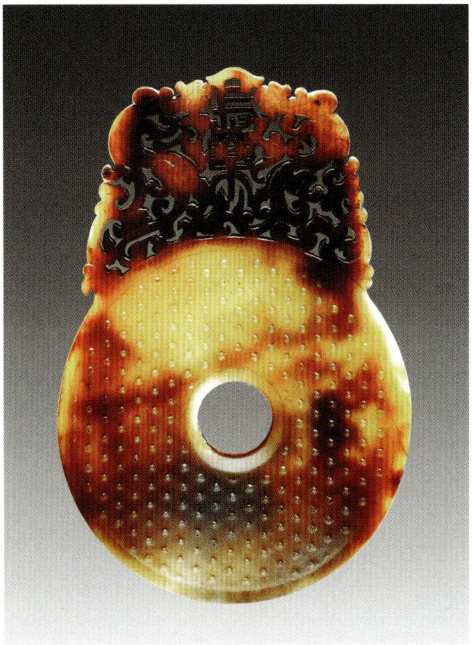
东汉长乐玉璧

90 古玉纹饰的创作素材来自哪里？

古玉纹饰的创作素材主要来源于七个方面：一是人类生活中不可或缺的粮食类题材，如谷、粟等；二是人们密切接触的用具和工具，如斧、绳、蒲等；三是对人类生活影响较大的自然现象，如云、雷、水等；四是和人类生活相伴的动植物，如鸟、蛇、龟、鱼、蝉、藻等；五是人类最早勾画出来的几何图样，如三角形、四边形、圆形等；六是人类在生活的基础上想象出来的神怪动物，如龙、凤、螭、虺、饕餮等；七是表达人类对生活的美好愿望，如吉祥纹等。

91 什么是云纹和雷纹？

云纹是古代玉器的一种重要纹饰，基本特点是用连续回旋形线条构成的连续图案，始于新石器时代，发展至今经历了从抽象到写实的演变历程，式样繁多。

雷纹是一种变形云纹，即在云纹拐

商雷纹玉簋

角处呈方角，形似古文字“雷”，故名，此纹饰盛行于商周时期。

云雷纹是云纹和雷纹的统称，即圆弧形的连续构图称为“云纹”，方形的连续构图称为“雷纹”。

勾云纹是新石器时期的一种云纹图案，简单、抽象，其形似两端同向内卷的钩，故名。如红山文化出土的玉勾云形佩，这种云纹当属目前古玉中最早见到的。

92 不同的历史时期云纹有何特点？

不同时期的云纹有不同的特点。如新石器时期云纹以勾云纹为主，简单、抽象；商代常见云雷纹；西周时期云纹多见于装饰性的组合纹样；春秋时期出现了勾连云纹、变形云纹和云头纹；战国时期多为云雷纹、勾云雷纹和云涡纹；汉代的云纹在继承战国时期的变体云纹的基础上向立体化发展，图案也由单体向整体发展；魏晋后出现写实云纹；唐代以卷云纹为主；宋代云纹的表现形式多样，有单歧云（由云头、云尾两部分组成）、双歧云（云头部分分叉）、三歧云（云头部分分为三朵小卷云）、灵芝云等；明清云纹线条比较细腻，但是主体纹饰变化不大。

西汉云纹玉璜

93 龙纹和夔龙纹一样吗？

龙是我国古代传说中的神异动物，身体长，有鳞，有角，有脚，能走，能飞，能游泳，能兴云降雨。在封建时代，龙还是帝王的象征。因此龙纹在中国古代玉器纹样装饰中占有十分重要的地位。玉器上最早出现的龙纹是“夔龙纹”，又称“夔纹”。

龙纹大致可分为爬行龙纹、卷龙纹、交龙纹、两头龙纹、双体龙纹、侧面兽身龙纹、龙首纹、蛇身龙纹等。

夔龙纹即早期的龙纹。夔是古代传说中的一种苍身、无角、一足的奇异动物，较后期的龙形，体形要短小些。夔龙纹出现在玉器上持续了很长时间，直到战国至汉代，夔龙纹才有了现代龙形

西周夔龙纹玉环

的雏形。自宋代以来的著录中，夔龙纹才和龙纹区别开来，凡是一爪的龙纹，都称为“夔龙纹”。

蘑菇形角纹是先秦时期玉器的一种龙纹，龙角顶端有一圆球状装饰，似未开的蘑菇，故名。

94 不同历史时期的龙纹有何不同？

新石器时期的龙纹似蛇，但粗长，头圆，肢有三爪；商代龙纹头顶饰有蘑菇形角纹，足部近似于方形，在龙的背部出现了脊齿纹；西周时期的龙纹龙身细长，身上纹饰的线条多为弯形或弧形，龙背部的脊齿纹比商代时期的密；春秋战国时期的龙纹爪是三趾，细尾而卷，张大口，头有的呈后卷状；秦汉时期的龙纹头似牛首，有须，大耳，细长角对称，蛇形体，有翼，脚有爪；唐代的龙纹身胖，网状纹鳞片，翼细长，背脊带鳍，尾部像蛇尾，蜷曲成S形，鸟形龙爪；宋代龙纹身胖体粗，张大舞爪，上唇薄而长，唇尖上挑或前卷，腿部上端有火焰纹，龙身饰网格鳞或无鳞，蛇尾，三爪足；明代龙纹龙身细长，爪如风车，并且局部多配以吉祥纹，如鼻呈如意形等；清代对龙纹的使用相当严格，五爪龙纹严禁民间使用，三爪和四爪龙纹虽然可以使用，但主要以供器为主。

西汉猪鱼龙纹玉璜

95 传统的龙纹有哪些变种？

龙纹的变种主要有蟠螭纹、虺龙纹、虬龙纹等。

蟠螭纹是春秋战国至汉代玉器上的主要纹饰之一。传说螭是龙的九个儿子之一，是一种没有角的龙。而蟠的意思是“盘曲而伏”。所谓蟠螭纹即半圆形或近圆形盘曲的螭纹，其纹样多是弯曲起伏的，故名。

虺龙纹，玉器的主要纹样之一，基本特点是形似蟠曲的小蛇。虺龙是传说中的一种毒蛇，《释玉》曰：“小曰虺，大

春秋蟠虺纹玉璧

东汉蟠螭纹玉璧

曰蛇。”也有人说虺龙是两头蛇，因此古代玉雕上的虺龙纹，有的雕一只头，有的雕两只头。

虬龙纹也是古玉常用的造型和装饰纹样之一。虬是一种没有角、经常盘曲的龙。《说文解字》中释“虬”为“龙无角者”。

96 不同历史时期的螭纹有何特点?

战国时期的螭纹圆眼，大鼻，双线细眉，猫耳，腿部线条弯曲，爪往往向上翘起，螭身多用阴线勾勒，尾部呈绞丝状阴刻线，这种绞丝尾是战国首创。汉代的螭纹，眉向上竖，并往内钩，眉毛浅，身体与战国时相比，尾部出现了两个卷纹，有三条腿。南北朝时期的螭纹，螭眼略长且有弯度，嘴边面腮上多有凹槽，三条腿，有时前腿伸出一点作为第四条腿，尾部的卷云纹宽阔粗壮。唐代的螭纹颈上有“人”字形纹，脊上开始有阴刻脊线。宋代的螭纹鼻下有一很宽的阴刻线，嘴翘起，立体感极强。元代的螭纹头额宽而高，眉、眼、鼻、口都集中在整个面部的前端，占据面部的1/3，圆身，耸肩，前腿弯势柔软，后腿一曲一伸，呈爬行状，其关节处都饰有卷云纹，并且大多有飘拂的毛发，螭尾特长，作漩涡状。明清时期的螭纹，身细长，头形较短，似虎，毛发细长，变化多端，眼睛有圆圈眼、三角眼、橄榄形眼、长梢眼和虾米眼等形式，有角或无角，上肢伸直，爪上翘折回。

97 凤纹有什么特点?

凤纹是由鸟纹变化而来。凤是古代传说中的神鸟，也是一种想象中的动物，是概括、夸张、综合了多种鸟类优势而形成的艺术形象，其体态似锦鸡，尾长如孔雀，头上有大冠，弯喙。凤在中国一直是高贵女性的象征，因此各种雕琢有凤纹的玉器不断问世，其精雕细刻，美不胜收，为后世留下了无数的玉器珍宝。

98 不同历史时期的鸟纹有何特点?

新石器时代较多鸟纹，造型简单。凤纹到了商晚期才渐渐增多，有关“玄鸟”和简狄吞燕卵而生契的神话，反映了当时人们对凤的崇拜。这时期的凤纹多采用写实、概括、夸张相结合的手法雕琢。西周时期多以弧线为主塑造凤的形象。春秋战国时期，凤已成为楚文化的代表，有长长的卷尾和粗长的腿爪。秦汉时期盛行的“四灵兽”中的朱雀就是指凤，代表南方，主火，这时期的凤纹头部简化，高冠变成形如兽角的长角，头高昂，身体弯曲拉长。唐宋以后，凤的造型风格向雍容华丽转化，凤冠变短，形似鸡冠，眼睛变长，颈部有飘逸的羽毛，凤尾宽大卷曲。明清时期，凤纹形似孔雀，凤冠为如意形花冠，眼睛细长，俗称“丹凤眼”，凤尾为孔雀尾翎，总体造型更加清逸华贵。

东汉龙凤纹玉璧

99 饕餮纹是一种什么东西?

饕餮是传说中的一种贪食的恶兽。饕餮纹是图案化了的兽面纹，故又称“兽面纹”。饕餮纹出现于新石器时期，盛行于商代至西周早期。而“饕餮纹”一词，则是在宋代宣和时的《宣和博古图录》一书中最早出现。

唐饕餮纹玉簋

100 乳丁纹、谷纹和粟纹有何差别?

乳丁纹，又称“乳突纹”，常见于战国、秦、汉时期的玉璧上。其基本纹样为凸起的乳突状圆钉，或纵横或随体变化排列。

谷纹形似发芽的种子，故名。其基本纹饰为成排的密集型小乳丁，并呈漩涡状。主要流行于战国、秦、汉时期，在清代仿古玉器中也常常能见到。

粟是一种小米，粟纹是以若干不规则的小圆点组成，其形状相似于乳丁纹。

101 常见的几何纹饰都有哪些？

几何纹，是一种最简单、应用也最广的纹饰，以点、线、面结合而成多种有规则的几何图形组成图案，如绳纹、回纹、网格纹、三角纹、方格纹、云雷纹、圈纹、菱形纹、折线纹、连珠纹、弦纹、直条纹、横条纹、斜条纹等。

绳纹，因花纹形状如编结的绳，故名，在古玉器中大多装饰于器物或图案的边缘。

回纹，因纹样如“回”字，故名，是一种由雷纹衍化而来的几何纹样。其基本纹样为线条作方折形卷曲，有单体间断排列的，有一正一反相连成对的，也有连续不断的带状形等，多用于边饰。

西汉绳纹玉环

西汉乳丁纹高脚杯

对角方格纹，主要饰于玉龙及龙形璜的表面。其纹样为以双阴线琢刻方格，相邻两格对角线相连，等距或连续排列。

圈纹，基本形状为排列成行的小圆圈，分为单圈、同心双圈和在圈中有一小点等。圈纹流行于春秋、战国至汉代，多饰于在璧、瑗、璜等片状玉器上。

折线纹，出现于新石器时代，主要作为动物身上的装饰纹。其纹样为单、双阴刻直线，顶端折回，方折呈钩状。

弦纹，实际上也是一种圆圈，但不同于圈纹，多用于玉器外围的立体装饰，也偶见用于玉器的平面装饰。双连弦纹主要饰于龙及兽角上，其纹样为以单阴线琢刻两条连线短弧，呈“人”字形，纵向排列。

三角纹，多见于龙身、玉璜及器物柄部。其纹样为以阴线琢刻出大三角纹与小三角纹。

重环纹是由若干个略呈椭圆形的环组成纹带，环有一至三重不等，在环的一侧有两个尖锐角或直角。有时也与其他纹饰相配出现。重环纹始见于商代，盛行于西周。

102 常见的象形纹饰有哪些？

漩纹又称“漩涡纹”，俗称“涡纹”。其形状如同水涡旋转，故名。漩纹的应用最早始于西周，春秋时多装饰在小件玉器上，到了战国才出现在大件玉器上。

蒲纹是一种呈排列状的六角形格子纹，其形似编织的蒲席，故名，常作为玉璧上的纹饰，即蒲璧。

皿纹也称“环纹”，这是一种以古代器皿为原型的象形纹样。若是以双线勾勒的环纹，便称为“双环纹”。

103 常见的兽纹有哪些？

古玉中以动物形象为题材创作的纹样较多，统称为“兽纹”。兽纹分两类：一类是自然界的动物形象；另一类是神怪的动物形象。

鳞纹形似鱼鳞，故名。常雕成上下数层，重叠出现，流行于商代晚期至春秋时期。

兽面纹有龙、牛、羊等，也有未知的动物。古玉器上的兽面纹，一般以鼻梁为对称轴，两侧是五官，最上面是角。

兽角纹主要是龙角、牛角和羊角三种。

龟作为古代四灵之一，相传能卜凶吉，又象征长寿。因此龟纹多作为向长辈祝寿的玉饰品的纹饰。

中国古代视虎为百兽之王，因此在器物上雕琢虎纹或把玉石雕琢成虎形是极常见的现象。

104 鹿纹、象纹和鱼纹为何出现在古玉上？

鹿是古人心目中的一种瑞兽，是祥瑞之兆，因此古代玉器中鹿纹图案较多。鹿纹最早始于商代，以后各代多有变化，它们或卧，或立，或奔跑于山间绿野，或

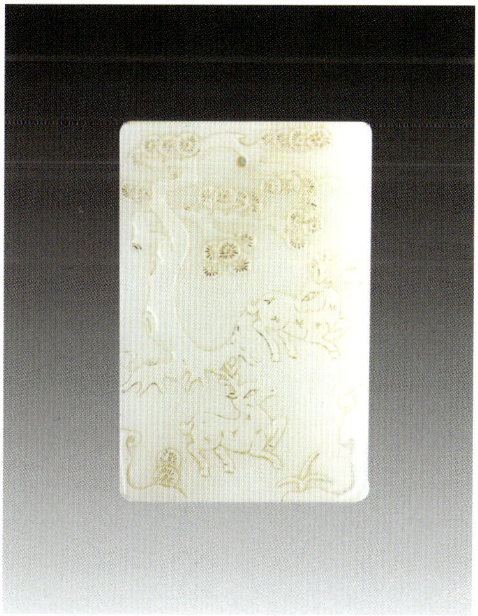

玉雕松鹿纹牌

漫步于林间树下，造型生动、可爱。

象纹是古代一种典型的吉祥纹样，图案表现为象的形态，有长鼻构成明显的特点，也有单以象头、象鼻为图案的。在清代还流行一种象纹，即在器物上雕琢或描绘象驮宝瓶的画面，以象征太平景象，故称“太平有象纹”。

鱼在古人心中也是一种祥瑞，因此在玉器上也常雕琢鱼纹，尤其是佩饰类玉器。其纹饰如鱼的形态，由此得名。

105 不同历史时期的鱼纹有何特点？

新石器时代的鱼纹造型简单，仅有轮廓，十分拙朴。商代鱼纹鱼身呈长条形和半圆环形，有脊鳍、腹鳍，少有装饰，也有些鱼纹带有网格状的鱼鳞。春秋、战国时期的鱼纹，鱼口多张开，常见的有一个脊鳍。汉代以后的鱼纹普遍有鳞纹装饰。宋代鱼纹为细长鱼形，脊鳍短而呈锯齿状，分有鳞鱼和无鳞鱼两种。宋元以后的鱼纹多与其他植物纹饰组合，被赋予了吉祥的寓意，是一种吉祥图案。明代鱼纹或为长嘴，或有斜网格式鳞，或身侧有一条稍微弯曲的水线，鱼尾或呈扇状，边缘呈锯齿状。清代鱼纹在继承前代鱼纹的基础上趋向写实，表现出程式化造型特点，并且还流行一种纹饰，是以鱼纹与龙纹组合，寓意为高升昌盛。

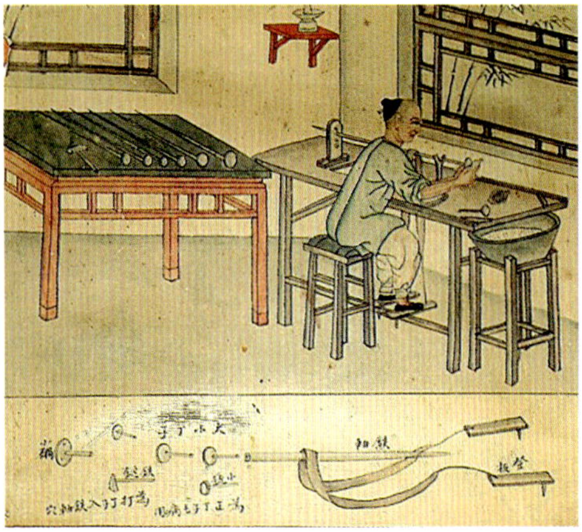

《琢玉图》之上花图

106 蝉纹和蚕纹是一回事吗？

玉蝉出现很早，早在红山文化、良渚文化时期就有了。而玉器上出现蝉纹，最早应该在商代，并且多为写实性纹样，一般具有尖吻、圆形大目、三角形或蕉叶形躯体，躯体多用两个单线相对云纹来象征两翼，腹有节状条纹，近似蛹。

卧蚕纹是古代玉器的一种纹饰，其基本纹样为纹样中有细弧线，两端内钩，形似卧睡的春蚕，故名。卧蚕纹始于春秋、战国时期，汉代比较流行。

107 不同历史时期的蝉纹有何特点？

新石器时代蝉纹造型简单抽象，仅有眼或象征性的蝉身，多圆雕。商代蝉纹比较写实，有并拢的双翼、波折的竹节状尾部和颈部体节，多用阴刻线雕琢。西周早期继承了商代的传统，但西周中期以

商蝉纹玉琮

后这种写实性的蝉纹基本消失了。战国时期，蝉纹可见头、腹、翅等部分，并用阴线区分。汉代蝉纹，用“汉八刀”雕琢，线条简单，棱角分明。宋代蝉纹蝉眼为重环式，蝉纹多用于配饰，纹样多仿古代。明代蝉纹线条雕工又粗又深，形体大，双翅雕得较薄，腹纹细瘦。清代蝉纹的表现手法与仿古纹饰同，多用阳纹线来雕刻羽翼。

108 蝌蚪纹是什么样子？

蝌蚪纹在我们民族的习俗中有子孙绵延的吉祥之意，因此多用于玉雕。蝌蚪纹因形似蝌蚪，故名。蝌蚪纹属单独纹样，多作玉器表面填充装饰。若是两尾相连，也称为连体蝌蚪纹。蝌蚪纹与谷纹相似，但是尾部比谷纹稍长；连体蝌蚪纹又接近于云纹，但比云纹更具立体感。

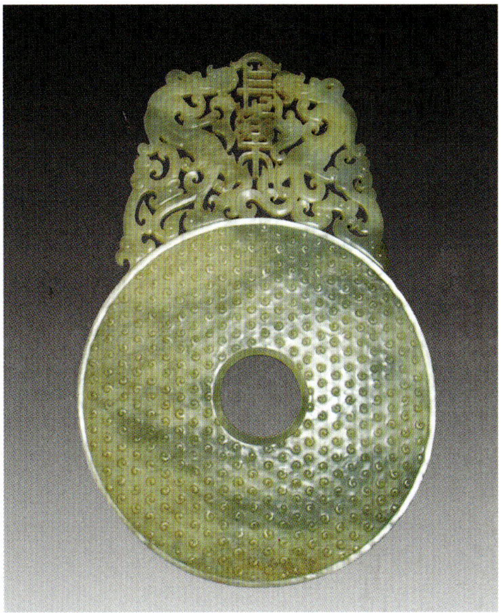
东汉蝌蚪纹长乐玉璧

109 常见的鸟纹都有哪些？

鸟纹出现于新石器时代，早在良渚文化遗址出土的玉琮上已有明确的鸟纹。鸟纹包括凤纹、鸱枭纹、鸾纹及成群排列的雁纹等。唐宋以后，鸟纹多与花卉纹组合相配，即“花鸟纹”。

雁纹是鸟纹的一种，图案表现为雁的写实形象，始于春秋晚期，属于北方的风格。

鸳鸯是一种野鸭，羽毛非常鲜艳华丽。鸳鸯常出双入对，在水面上相亲相爱，因此鸳鸯纹作为玉器纹饰，多以鸳鸯戏水成对出现，寓意为夫妻恩爱、出入成双，为吉祥纹饰之一。

鹤纹是鸟纹的一种，是传统的吉祥纹饰。鹤在古代象征长寿，因此，古人借鹤象征长寿，多为祝寿的玉饰品纹饰。

110 常见的植物纹有哪些?

植物花卉纹用于玉器上始于唐代，并且随着玉器的日益生活化，植物花卉纹也越来越装饰化、世俗化。

忍冬纹古代寓意为长生，因以忍冬植物为题材，故名。忍冬为一种缠绕植物，俗呼“金银花”、“金银藤”，通称卷草。因为其凌冬不凋，故有忍冬之称。

卷草纹又称“卷枝纹”、“卷叶纹”，由忍冬纹发展而来，流行于唐代。其基本纹饰为以柔和的波曲状线组成连续的草叶纹样装饰带。

柿蒂纹是一种古代寓意纹样，形如柿子下部的蒂子，四瓣或五瓣，故名。柿蒂纹多用于建筑图案，作为玉器纹饰在汉代的玉剑首上常有发现，但在汉代以后就不多见了。

藻是水草的总称。藻纹有两种含义：一是指水草纹样；二是指藻饰纹样。

宋凌霄花纹佩

水草纹样形如水草。藻饰纹样实际上是在某种纹样的基础上再行装饰和修饰，是一种辅助纹样。

111 缠枝纹有什么特征?

缠枝纹因其图案花枝缠转不断，故名。明代又称为“转枝”。其基本纹饰以波状线与切圆线相组合，作二方连续或四方连续展开，形成波卷缠绵的样式，再在切圆空间中或波线上缀以花卉，并点以叶子，便形成枝茎缠绕、花繁叶茂的缠枝花卉或缠枝花果纹。缠枝莲、缠枝菊、缠枝牡丹、缠枝石榴、缠枝灵芝、缠枝宝相花均属此类。

元代玉镂雕凤穿花璧

112 什么叫宝相花纹?

宝相花纹是传统纹样之一，是将自然

清青白玉宝相花炉

宋青白玉镂空双鹤衔灵芝佩

界花卉（主要是莲花）的花头作变形的艺术处理，使之趋于图案化、程式化。主要有两种形式：一种为平面团形，以8片平展的莲瓣构成花头，莲瓣尖端呈五曲形，各瓣内又填饰三曲小莲瓣，花心由8个小圆珠和8瓣小花组成；另一种是立面层叠形，以层层绽开的半侧面勾莲瓣构成。

113 吉祥纹是指什么？

玉器上的吉祥纹主要表达“福、禄、寿、喜、财”五大主题，其基本内涵为避邪、驱邪、祈求与祝贺，是用象征手法表达人的思想感情。

所谓“图必有意，意必吉祥”，因此有些纹饰直接用文字表现，比如“万”字纹、“福”字纹、“寿”字纹等等。

114 常见的吉祥纹有哪些？

松鹤延年：松树、仙鹤组合的纹

清白玉“长宜子孙”纹璧

样，象征长寿。

鹤鹿同春：纹样中有仙鹤、梅花鹿与松树。鹤鹿同春有富贵长寿的寓意。

龟鹤齐龄：纹样中有神龟和仙鹤。龟鹤齐龄寓意为“同享高寿”。

福禄寿喜：玉器上琢磨出蝙蝠、梅花鹿、寿桃和“喜”字，谐音“福禄寿喜”。

五福捧寿：玉器上刻画一个寿桃或一个圆形“寿”字，周围环绕五只蝙蝠，形成“五蝠捧寿”，寓意为“有福长寿”。若是多个寿桃和多只蝙蝠，就变成“多福多寿”了。

福寿双全：纹样中有一只蝙蝠、一个寿桃和两枚铜钱，寓意为“福禄双全”。

福寿三多：“三多”指多福、多寿、多子。玉器上刻画数只蝙蝠、数只仙桃和一只石榴，合起来寓意为多福、多寿、多子，即“福寿三多”。

福至心灵：玉器上雕刻蝙蝠、寿桃、灵芝的形象，此处桃借其形如心，灵芝借“灵”字，此图意为得到幸福后会更加聪明。

寿山福海：纹样中刻画山、水和松树的形象，寓意为“福如东海长流水，寿比南山不老松”，也称为“寿山福海”。

三星高照：玉器中有福星、禄星、寿星三个神仙形象，寓意为“三星高照”，象征着幸福、富有和长寿。

长命富贵：纹样中刻画一只引颈长鸣的雄鸡，取其“长命”之谐音；一簇盛开的牡丹，取其“富贵”之意。二者合起来，寓意为“长命富贵”。

玉堂富贵：玉器上雕刻玉兰、海棠、牡丹，寓意为“玉堂富贵”。若图案为五个柿子和海棠花，则称“五世同堂”。

连生贵子：纹样中的荷花中坐一小孩，莲蓬膨大，借此喻示连续、连绵之意，表达人丁兴旺的心愿。

喜上眉梢：纹样中刻画两只喜鹊立在梅花枝头，寓意为“喜上眉梢”，也称“双喜临门”。

岁岁平安：纹样中几束谷穗上配上两只鹌鹑，各取一个字的谐音，为“岁岁平安”，寓意为生活平安如意。

115 常见的人物纹有哪些?

玉器上的人物纹从新石器时代流传至今，不同历史时期，人物纹各有特点。商代至汉代人物纹多为玉人。到了

清翠玉太平有象磬

清和合二仙

唐代才以人物图案为多，人物一般为伎乐人，手持乐器。唐代以后人物纹多以佛像、民间神话传说、婴戏和历史人物故事的雕琢为主。

婴戏纹是人物纹之一，以儿童为主角，多表现其钓鱼、玩鸟、蹴球、赶鸭、抽陀螺、攀树折花等玩耍嬉戏的生活情景，因而又称“婴戏图”或“耍娃娃”。始于战国，宋、元、清的玉雕中极为常见。

和合二仙，又称“和合二圣”，即指寒山和拾得，他们都是唐代的高僧，后来成为神仙。他们手中一人执荷花，一人捧盒，盒盖稍微掀起，内有一群蝙蝠，从盒内飞出。“荷”与“和”、“盒”与“合”同音，取和谐好合之意。纹样即以此内容组成，因此称作和合二仙纹。

刘海，五代人，平时好谈性命，崇黄老。后得八仙之一汉钟离的点化，终得大悟，由纯阳子吕洞宾度为神仙。刘海戏蟾纹作为一种吉祥图案，实际上是把“刘海耍金钱”与“刘海戏蟾蜍”这两个故事糅合在一起，其基本纹样为刘海手执串有金钱的彩绳逗弄一只三腿蟾蜍的形象。

116 不同历史时期的婴戏纹有何特点?

唐代的婴戏纹多绘一胖娃，身系肚兜，肩荷一莲杖，手挽飘带。宋代婴戏纹多绘童子戏花、双童荡船、童子执荷、童子骑竹马等等，其中的童子头顶有用细密阴刻线表示的短发，后脑不留发或留发。明、清时期的婴戏纹，人数增多，有四子、十六子、二十子、百子等，婴戏纹在这时期得到了鼎盛发展，成为一种民俗文化，寓意吉祥。

明婴戏纹水盂

117 何为暗八仙?

暗八仙是一种有传统吉祥寓意的纹样，即以八仙手中所持之物（汉钟离持扇，吕洞宾持剑，张果老持渔鼓，曹国舅持玉板，铁拐李持葫芦，韩湘子持箫，蓝采和持花篮，何仙姑持荷花）组成的纹饰。

在长期的民间流传及民间艺人的演绎中，现在的暗八仙主要有如下特点：

渔鼓，张果老所持宝物，“渔鼓频敲有梵音”，能占卜人生。

宝剑，吕洞宾所持宝物，“剑现灵光魑魅惊”，可镇邪驱魔。

笛子，韩湘子所持宝物，“紫箫吹度千波静”，使万物滋生。

荷花，何仙姑所持宝物，“手执荷花不染尘”，能修身养性。

葫芦，李铁拐所持宝物，“葫芦岂只存五福”，可救济众生。

扇子，汉钟离所持宝物，“轻摇小扇乐陶然”，能起死回生。

玉板，曹国舅所持宝物，“玉板和声万籁清”，可静化环境。

花篮，蓝采和所持宝物，“花篮内蓄无凡品”，能广通神明。

清玉八仙纹执壶

玉器家族篇

礼仪玉器

118 什么叫"六器"、"六瑞"？

《周礼·春官·大宗伯》载："以玉作六器，以礼天、地、四方：以苍璧礼天，以黄琮礼地，以青圭礼东方，以赤璋礼南方，以白琥礼西方，以玄璜礼北方。"是为"六器"。

《周礼·春官·大宗伯》载："以玉作六瑞，以等邦国：王执镇圭，公执桓圭，侯执信圭，伯执躬圭，子执谷璧，男执蒲璧。"是为"六瑞"，六瑞形制大小各异，以示爵位等级之差别。

汉蒲纹玉璧

119 何为玉璧？

玉璧是一种中央穿孔的扁平状圆形玉器，为我国传统的玉礼器之一。穿孔称作"好"，边缘器体称作"肉"。关于瑗、环、璧，古代文献上有严格的区分。《尔雅·释器》记载："肉倍好谓之璧，好倍肉谓之瑗，肉好若一谓之环。"意思是说："边大倍于孔者名璧，孔大而边小者名瑗，边、孔适等若一者名环。"据考古发现，玉璧最早产生于新石器时代，一直到清朝，都有不同形制和纹饰的玉璧出现。

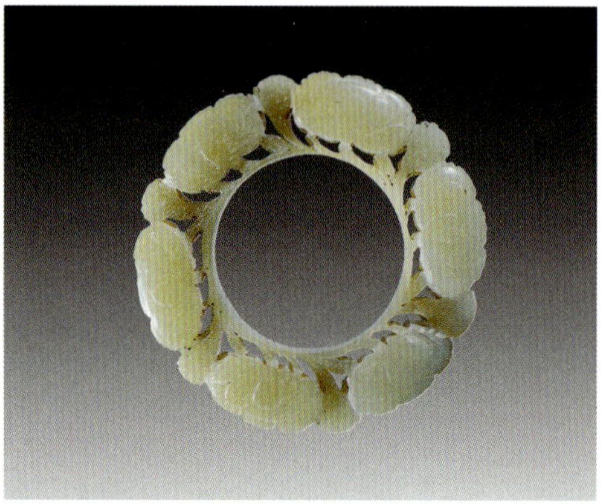

唐青玉透雕牡丹环

120 玉璧主要有哪些种类？

拱璧是一种大型玉璧，因其需双手拱执，故名。大璧径长尺二，为天子礼天之器。

谷璧指璧面雕满纵横排列有序的饱满谷纹的拱璧，为六瑞之一，用于朝聘。周制，谷璧为子爵所执。

苍璧，即大璧，直径在40厘米左右，多用青色玉雕制。古人认为天圆地方，而天又是苍色（青色），故"以苍璧

西汉蒲璧

龙山文化玉璇玑

礼天”。诸侯献贡品给天子也要用苍璧。《周祀圜丘歌·昭夏》：“瑞形成象，璧气含春。”倪璠注：“璧气含春者，春为苍精，祭天用苍璧，苍是东方之色，故云含春也。”

蒲璧指璧面为蒲纹的璧，象征着草木繁茂，欣欣向荣。周制，蒲璧为男爵所执。

系璧指佩饰用的小璧，常常与玉管等饰件组合成组合佩饰。

121 何为玉璇玑?

玉璇玑环形、片状，周围向外顺出等距三个、四个或六个角，形似玉璧。最早见于新石器时代大汶口文化、龙山文化，春秋、战国以后罕见。早期玉璇玑在由方形琢圆时留下外侧的边角，间或在环部周围装饰蝉纹。商代玉璇玑上的角还带有齿牙。至于其用途，至今不明。

122 何为玉琮?

玉琮，是一种外方内圆的柱状管形玉器。琮的方圆表示地和天，是出于天圆地方的上古宇宙观，做成方琮来祭祀地神，是礼地之器。玉琮出现于新石器时代，以良渚文化最为发达，其中有的还刻有兽面纹饰。汉朝以后逐渐消失。宋至明清，仿古玉琮大量出现，成为一种装饰或陈设玉器。

宽短琮琮体宽度大于高度，一般分两节，四角琢饰兽面纹，中心为贯通的圆孔。《周礼·冬官·考工记》载：“璧琮九寸，诸侯以享天子。”

高长琮为四面柱体，外方内圆，中心穿孔，两端直径不一，上大下小。以起伏的“牙身”将柱体分成若干节，每节四面，中间为凹柱，四角有两边对称的兽面纹，以两条横长凸弦纹表示头额和头饰，其下双圆纹代表双目，下面数条短粗凸弦纹象征天地四面八方，中心通孔为沟通天地的天柱。高长琮是祭祀的祀器，又是纪念祖先神的神器，用于祭祀和标志部族首领的身份地位。

细小琮又称“勒子”，造型及纹饰酷似大琮，唯器形小，长 2 厘米至 6 厘米，一般分 2 节至 4 节。

素面琮是中原地区流行的黄琮，为四面方体，大多无纹饰，中心孔径较大，盛行于黄河流域，是宽短琮的衍生品种。

良渚文化玉琮

123 何为玉圭?

玉圭是一种上端为三角形或呈直平状，身为长方形的玉器，是天子祀天用的，《周礼 · 冬官 · 考工记》载：“天子圭中必。四圭尺有二寸，以祀天。”此外，玉圭还有区别等级和作符节等职能。

大圭是天子执握的玉器，上端锐角或插在衣带间，又称“珽”，以符合《礼》“天子晋珽”之制。

西周尖首圭

镇圭是天子执握的玉器，上端锐角饰四山纹，取安定四方之意。

信圭是侯爵执握的玉器，上端呈钝角，肩部两角琢成直立人身状，纹饰精细，取忠勇正直之意。

平首圭，上端是平头的，与石斧之形相近。

尖首圭，上端尖锐呈三角形，与戈的顶端相似。

躬圭是伯爵执握的玉器，上端为圆形，纹样粗犷，取恭顺之意。

桓圭是公爵执握的玉器，上端为方齐形，取栋梁柱石之意。

琬圭是上端为圆形的玉器，圭身染色。天子派遣使臣所执，使臣持此信节执行任务，被称为“护送琬圭”。

琰圭是上端为锐角的玉器，取锐不可当之意。天子派使臣征讨平叛时执用，当作信物，有尚方宝剑的作用。

玉瑁是古代帝王上朝时所执的玉器，用以合诸侯的圭，覆于圭上。

124 何为玉璋?

玉璋是一种扁平的长方形器物，一端斜刃，形状如半边圭。东汉·许慎《说文解字》载："半圭为璋。"璋的种类据《周礼》中记载，有赤璋、大璋、中璋、边璋、牙璋五种。玉璋除用作六器之一外，《周礼·考工记》中还有"大璋亦如之，诸侯以聘女"的记载。《周礼·考工记》又载："大璋，中璋九寸，边璋七寸，射四寸，天子以巡守。"这说明玉璋还是天子巡狩的时候祭祀山川的器物。玉璋始见于龙山文化，盛行于商周，春秋以后趋于少见。

赤璋即用赤玉（玛瑙）做的璋，是祭南方朱雀之神的礼器。

大璋指孔部附近没有齿棱的玉器。四川广汉三星堆出土一件玉璋，通长54.4厘米，上宽8.8厘米，下宽6.8厘米，上端为单斜边，也有人称为"边璋"。汉代郑玄注《周礼》十二卷载："三璋之勺，形如圭瓒，天子巡守，有事山川，则用灌焉。于大山川，则用大璋，加文饰也。"

中璋是古代用以发兵的一种玉制符节。《周礼·考工记·玉人》载："牙璋中璋七寸，射二寸，厚寸，以起军旅，以治兵守。"

牙璋下端呈长方形，器身上端有刃，底部穿孔处附近两侧有比较复杂的齿棱。同中璋一样，牙璋也被作为一种调动军队的符信。

龙山文化玉璋

125 何为玉璜?

玉璜是一种弧形的玉器。汉制称"半璧曰璜"，但常见出土的玉璜仅有三分之一璧大小，弯弧两端有小孔，往往出于墓主领下，可能用于佩戴，故有"佩璜"之称。一般说来，大型璜作礼仪玉，中小型璜为佩饰玉。璜的纹饰，一般两端各雕成兽头形，以龙头、虎头为多；也有一端为头、一端为尾的，有龙形、鱼形等。璜的表面则雕成鳞纹、云纹、鸟纹、三角纹等。

良渚文化羽冠神人兽面飞目纹玉璜

126 何为玉笏?

玉笏指古代诸侯等官员上朝时手中所拿的玉制手板，又称为“珽”。《礼记·玉藻》载：“笏，天子以球玉，诸侯以象，大夫以鱼须文竹。”《左传代桓公二年》载：“衮冕黻珽。”晋代杜预注：“珽，玉笏也。若今吏之持簿。”

127 何为玉琥?

玉琥是一种刻有虎纹或雕成伏虎形的玉器。琥的表面纹饰，多以云纹为主，由云纹变化而成各种弯曲的形式，也有条状纹、节状纹、鳞纹、谷纹、乳丁纹等。据文献记载，琥是以白虎的身份来礼西

清代旧玉玉琥

方，以虎符的身份来发兵。

128 玉酒具有哪些?

玉觯是古代一种饮酒用的器皿。形似尊，较小，侈口，或有盖，多仿青铜器的造型。盛行于商代晚期和西周初期。清末吴大澂所著《古玉图考》记载：“玉觯，礼品也，有耳，可容三升。”据考证，玉觯是古天子祭天的礼器。古代将觯、角、爵、觚、斝并称为“五爵”。

玉斝是一种酒杯，用于盛酒或温酒。基本造型为侈口，口沿有柱，宽身，下有长足。斝的形制较多，器身有圆形、方形两种，有的有盖，有的无盖。玉斝作为礼器，常与觚、爵等组合成套使用。《文选》载：“分雁鹜之稻粱，沾玉斝之馀沥。”李善注引《说文解字》：“斝，玉爵也。”

玉爵是一种饮酒的器皿，三足，以不同的形状显示使用者的不同身份。《周礼·天官·大宰》载：“享先王亦如之，赞玉几、玉爵。”《礼记·曲礼上》载：“饮玉爵者弗挥。”孔颖达疏：“玉爵，玉杯也。”

玉角是一种温酒及饮酒用的器皿，形似爵。《礼记·礼器》载：“宗庙之祭，贵者献以爵，贱者献以散。尊者举觯，卑者举角。”

玉罍是大型贮酒器或装水之用的器皿，敞口，宽肩，肩上有两耳，圈足，有圆形和方形两种。南朝梁沈约《介雅》诗之三：“玉罍信湛湛，金卮颇摇漾。”

西周玉方彝

清翡翠提梁卣

唐·李贺《送秦光禄北征》诗："呵臂悬金斗，当唇注玉罍。"

玉卣也是种酒具，多为扁圆形，鼓腹，圈足，口小，有盖和提梁。最早出现于西周，宋代开始定为卣，清代多有仿制。

玉觚是一种酒器，基本形制为侈口、束腰、长身，口和足似喇叭口状。玉觚的形制大都仿青铜器。

玉瓿的形状与玉罍相同，只是更小些，妇好墓出土有一件玉瓿。

彝是一种大型盛酒器，为"庙堂之器"，与鼎合称"鼎彝"，用于祭天。玉彝即玉制的彝，形制仿青铜器造型，长方形，有方脊形盖。

129 玉食器有哪些?

玉簋是古代一种盛食物的容器，圆口，两耳或四耳。《仪礼·公食礼》载："宰夫设黍稷六簋。"

玉勺是古人取食的器具，是一种汤匙，长柄。新石器时代凌家滩文化遗址中出土有一件玉勺，可见当时已有饮汤取食的餐具。

玉敦是古代诸侯歃血结盟时所用的器皿。《周礼·天官·玉府》载："若合诸侯，则共珠盘玉敦。"郑玄注："玉敦，歃血玉器。"南朝梁刘勰《文心雕龙·祝盟》载："盟者，明也。骍毛白马，珠盘玉敦，陈辞乎方明之下，祝告于神明者也。"

仿古玉鼎

130 何为玉简册?

玉简册是指连缀在一起雕刻或书写文字的长方形玉片，主要作为礼制大典上所使用的书写工具。战国时期已有玉简册，唐代称之为“玉策”。到了汉代，由于造纸术的发明及纸张的普及使用，人们渐渐停止了简册的使用，但在有关礼制的大典上仍使用玉简册。

乾隆皇帝册封八世达赖喇嘛玉册

131 何为玉牒?

玉牒是古代帝王封禅、郊祀所用的一种玉简文书，也作记载帝王谱系、历数及政令因革之用。《史记·孝武本纪》载：“封泰山下东方，如郊祠泰一之礼。封广丈二尺，高九尺，其下则有玉牒书，书秘。”《新唐书·百官志三》载：“(宗正寺)知图谱官一人，修玉牒官一人。”作为皇族族谱，只有清代玉牒保存完整，其他各王朝玉牒均未流传于世。

玉兵仪器

132 玉斧、玉钺和玉戚有何差别?

玉斧指用玉琢制而成的斧，形似石

良渚文化兽面纹玉钺

斧，扁平厚重，呈梯形，上端有孔，可捆绑执柄，下端有刃。在用途上，玉斧不是用来作为生产工具，也不作为战器，它是一种仪仗兵器，多用于仪仗、装饰，以作为军权的象征。

玉钺是一种仪仗兵器，状似玉斧，把玉斧的刃放宽，便是“玉钺”。玉钺有时也作陪葬用玉。

玉戚与玉钺形制大体相似，状如玉斧，玉戚就是在玉斧的两边各加上一行齿牙形饰。《礼记 · 明堂位》:“季夏六月，以禘礼祀周公于大庙。……升歌清庙，下管象，朱干玉戚，冕而舞大武，皮弁素积，裼而舞大夏。”孔颖达疏:“干，盾也；戚，斧也。赤盾而玉饰斧也。”

133 玉镰、玉戈、玉矛、玉匕首有何异同?

玉镰形体窄长、刃内凹，一端尖状有孔。玉镰最早见于商代晚期，殷墟妇好墓曾出土了5件玉镰。商代以后未见玉镰。

玉戈由新石器时代的玉镰发展而来，始见于商代，是重要的仪仗兵器。玉戈由“援”（刃）和“内”（似柄有孔，能穿系）两部分组成，有直身、弯身两种，多数在内及援上刻有纹饰。商代初期，玉戈的尺寸普遍较大，一般在 30 厘米左右。及至商代晚期，玉戈的尺寸越来越小巧、灵活，多为 15 厘米至 20 厘米，有的甚至仅长 4 厘米至 5 厘米。西周玉戈基本形制与商代晚期相似。玉戈在西周以后渐趋消亡，春秋、战国时零星可见玉戈，其形制

商龙面纹玉戈

仍保留周代的特点。

玉矛和玉戈一样，也是一种仪仗、礼仪用器。其形状大同小异，均为尖刃形兵器，多数为素面，少数有纹饰。

玉匕首指玉制的短剑，与玉戈形制易混，也是一种尖刃形兵器。一般来说，匕首比戈更狭长，刃较厚钝。

134 何为玉刀？

玉刀指玉制的刀形兵器，也是作仪仗或佩饰用，其形制各有不同，多有纹饰。其形状大致有两种：一种略呈扁平长方形，有孔，一侧为刀背，一侧为刀刃；另一种则做成了带柄的形状。玉刀早在新石器时代就有发现，此后的夏、商仍有流传，然而到西周基本已找不到玉刀了。

齐家文化虎形玉刀

135 何为玉剑？

真正意义上的玉剑少见，因此现在所谓玉剑就是指“玉具剑”，即将玉器装饰在剑上，又称为玉剑饰，流行于春秋至汉代。

136 玉斧、玉铲和玉锛有何差别？

玉铲形似玉斧，但形制较玉斧窄，较玉斧薄，为方形或长方形的薄片状，流行于新石器时代至夏、商时期。良渚文化、崧泽文化和龙山文化遗址中有大量发现。

玉锛是比较小的侧锋玉斧，呈长方形或近似方形，一面为刃，一面平状，背有孔。玉锛最早出现于商代晚期，殷墟妇好墓中有出土。

137 何为玉镞？

玉镞即玉箭头，多呈扁平等腰三角形，底边内凹成小弧状，两刃向上收成锋，中脊较厚，两面中脊底部磨出小沟槽，便于夹入箭杆。商代晚期的殷墟妇好墓中出土有5件玉镞。

新石器时代玉镞

138 何为玉符?

玉符是古代朝廷传达命令或调兵遣将时所用的凭证。其形制特点为：不论为何种造型，都采用“分而相合”的办法，即把玉符一分为二，朝廷派兵驻守外地，并带去此符的一半。以后朝廷若要调动这些兵力，去传达命令的人必须拿着朝廷所有的此符的另一半作为凭证。这两半符一合是一个完整的符，就证明所传命令是朝廷所发。

139 何为玉节?

玉节和玉符一样也是古代朝廷的证信之物，不同的是，玉节是一种完整单一的玉器。《周礼·地官·掌节》曰：“掌守邦节，而辨其用，以辅王命。守邦国者用玉节，守都鄙者用角节。凡通达于天下者必有节，以传辅之。无节者，有几则不达。”《公羊传·哀公六年》：“与之玉节而走之。”隋代江总《洛阳道》诗云：“玉节迎司隶，锦车归濯龙。”

战国玉符

装饰陈设玉器

140 玉环、玉瑗有何差异?

玉环呈圆形，中间有孔，且孔径与边沿相等，形状与玉璧、玉瑗相似。在古代，玉环一般用作佩饰。《韩非子·说林下》中说：“吾好佩，此人遗我玉环。”唐代张籍《蛮中》诗：“玉环穿耳谁家女，自抱琵琶迎海神。”

玉瑗的孔比璧大，但比环小。《说文解字》中说：“瑗，大孔璧也，人君除陛以相引。”桂馥《说文义证》说“孔大能容手”。

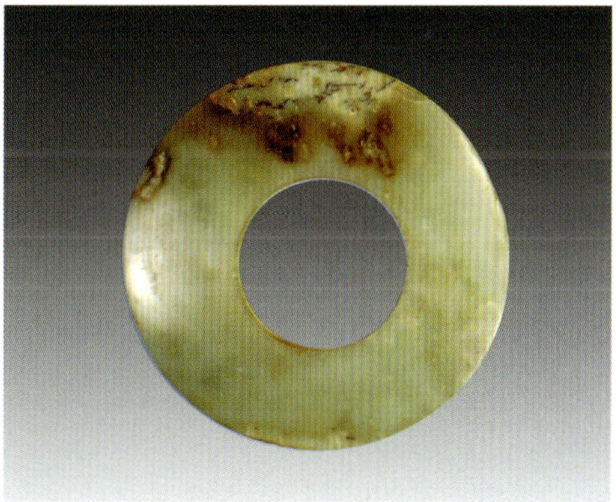

齐家文化玉瑗

141 玉镯和玉玦相同吗?

玉镯是戴在手腕或脚腕上的环形装饰品。玉镯的使用和佩戴最早始于新石器

新石器时期绿松石手镯

时期，大汶口文化时期玉镯呈外方内圆形；春秋时期玉镯为扁圆形；战国时代玉镯的变化最多，大多数有纹饰；发展至宋代,玉镯呈圆环形，内平外圆，光素无纹；明清玉镯多见装饰，如联珠纹、绳索纹、竹节纹等。

玉玦为环状，有缺口。在古代主要用作耳饰和佩饰，小的玉玦类似现在的耳环，较大体积的玉玦多用于佩戴，或是作为符节器。

142 玉笄、玉簪和玉扁方相同吗?

玉笄是古人用来簪发和连冠用的饰物，后世称为“簪”。《说文解字》：“笄，簪也。”

玉簪是一种玉制的簪子，又名“玉搔头”，由玉笄演变而来，但没有玉笄尖细，主要是作为妇女装饰之用，用于绾发。玉簪的造型和纹饰极其丰富。

扁方，是满族妇女梳“两把头”时使用的头饰，流行于清代，一般为长条形，一头为圆边，一头为卷边。

143 何为玉步摇?

玉步摇是古代一种首饰，一般形式为凤凰、蝴蝶、带有翅膀类的动物，或垂有流苏或坠子，上面缀以珠玉，走路的时候，流苏或坠子会随走路的摆动而动，故名。《释名·释首饰》记载：“步摇，上有垂珠，步则动摇也。”《后汉书·舆服志》记载：“步摇以黄金为山题，贯白珠为桂枝相缪，一爵（雀）九华（花）。”汉代较为流行，魏晋南北朝时期花样繁多，与钗细相混杂，簪于发上。

144 何为玉冠饰?

在出土文物中，玉冠饰一般出现在死者头部。据考古推测，玉冠饰应该是戴在首领头上的王冠。如良渚文化出土的

红山文化兽首形玉笄

良渚文化玉冠状器

透雕玉冠饰，造型为变体飞鸟形，扁平体，用线刻和镂空手法雕刻神人、神兽图案。下端磨成插榫槽口，规则地琢通五个小孔。另有三叉形冠，如山字形，中间叉体略短。

145 何为玉发箍？

玉发箍，一种用于固定发式的玉器。如红山文化出土的马蹄形玉发箍，筒状，一端削成斜口，上面有两个穿孔，作束发用。这种发箍的使用者，当有较高的社会地位。

146 玉韘、鸡心佩有何不同？

玉韘，初为射箭时钩弦的用具，相当于清代的扳指。目前所见最早的玉韘出土于商代晚期的殷墟妇好墓。到了战国时期，玉韘演变成扁平状的盾形，有一部分是实用品，有一部分变为人们佩戴的装饰品，同时韘形佩造型也发生了很大变化，后世俗称“鸡心佩”。

鸡心佩又名“心形佩”，是韘形佩的俗称。鸡心佩多呈椭圆形，上端出尖，中有一圆孔，近似于鸡心的形状，两侧常透雕有龙、凤、螭等纹饰，是汉代特有的并常见的一种佩饰。魏晋南北朝后少见，宋以后有仿制，明清两代仍有制作，但缺乏汉代神韵。

147 何为玉扳指？

玉扳指是一种玉制的拉弓射箭时扣弦用的器具，套于拇指之上，以保护拇指在射箭时不被弓弦勒伤，最早始于新时期时代晚期，盛行于清代。

清代翡翠扳指

148 何为玉梳？

玉梳又名“篦”，包括密齿和疏齿两类。疏齿类，名“梳”，主要用于梳发；密齿类，名“篦”，主要用于除垢。玉梳最早出现于陶寺龙山文化墓地，商代妇好墓也有出土。

149 何为玉帽正？

玉帽正，又名“玉帽准”、“玉帽花”，是一种缝在帽子上的装饰玉，缀在帽子的前面，多为圆形，上大下小，扁而平，底下有象鼻眼，既有美观的作用，又有“正冠”的实用功能。主要流行于唐、宋、元，明、清两代使用最多。

玛瑙福寿帽正

150 何为璎珞？

璎珞是一种颈饰，通常是用线串珠玉而成，又称“缨络”、“华鬘”。璎珞原为古代印度佛像颈间的一种装饰，后来随着佛教一起传入我国。唐代时，被爱美求新的女性所模仿和改进，变成了颈饰。璎珞和项链虽同为颈饰，但在形式上却有着不同。璎珞在项链环状的基础上又增加了若干条对称下垂的珠串，形制比项链大，因而更显丰富和华贵。

151 何为冕服用玉？

冕服，古代一种礼服的名称，主要由冠（冕冠）、上衣、下裳、舄（或靴）及蔽膝、绶、佩等组成。在唐代，皇帝服饰多种，最重要的为衮冕服章。每逢皇上登基即位、大婚纳后、祭扫祖庙、号令征还，以及接受百官朝贺、册封王公大臣等重大礼节，都必须穿着。衮冕之服自有一套繁琐的规定：上衣下裳，前有蔽膝，绣日、月、星、山、龙、华虫、宗彝、藻、火、粉米、黼、黻计十二服章。其中用玉制度也规定得非常具体和详细，冕冠最具典型。唐代冕冠前后垂悬白玉珠十二旒

清翡翠朝珠

（串），用金饰玉簪固定。冕服配用玉装革带，着金缕玉钩鞢，饰白玉双佩，绶带间穿缀三玉环。身挂鹿卢玉具剑，剑之末端用火珠装饰。

152 何为冕旒?

冕旒，冕冠前后垂悬的一种玉饰，又称为“玉藻”。《礼记·玉藻》：“天子玉藻，十有二旒，前后邃延。”孔颖达疏：“天子玉藻者，藻谓杂采之丝绳，以贯於玉，以玉饰藻，故云玉藻也。”《后汉书·舆服志·冕冠》：“冕冠，垂旒，前后邃延，玉藻。”

153 何为玉翎管?

翎管是清王朝特有的产物，是随着冠制的改革而诞生的。翎管就是清代官帽顶上顶珠下用来安插翎枝的管子，一般如旱烟管粗细，长两寸左右。顶戴花翎是清代高官显贵的标志之一，由皇帝赐戴。

清翡翠翎管

翎管多为圆柱形，顶端有鼻，往下中空，到下端中空部分大如烟嘴，翎枝就由此插入。清代品级高的文官可佩戴翡翠翎管，品级高的武官可佩戴白玉翎管。

154 何为玉带?

玉带通常是指用玉装饰的皮革制的腰带，由玉带扣、玉带板（带铐）和铊尾等组成。在服饰上用玉带，始于唐代。历代对玉带的规定不同。唐代玉带以十三为最高级，只有皇帝才能使用。宋代玉带承袭唐代之制，但玉上的图案改用花卉。明代玉带的使用很严格，只有帝王或皇帝特赐才能使用。清代开始，官方玉带使用制度被废除，但玉带仍然成为一种纯粹的装饰品盛行于民间。

五代白玉云龙纹带

155 何为玉带钩?

玉带钩，又名“犀比”、“龙钩”。它可能是我国北方游牧民族的发明，用以钩

东汉玉带钩

清翡翠螭龙带扣

连腰带，流行于春秋战国和秦汉时期。玉带钩形似琵琶，由两部分组成，中间以钩、环相连，钩端多以龙首造型，此外也有鸟首形或其他兽首形。

156 何为玉带板?

玉带板是玉带上的一种装饰玉，分为两部分，即铊（獭）尾（镶在玉带两端的圆角矩形带板）和銙（玉带中间的方形或长方形带板）。玉带板有的镂有孔或附环，用以悬挂物件。不同时代的玉带板有不同的特点。唐代玉带有十三銙或十四的，五代、宋代为七銙，明代大多为十八銙，有长方形、方条形和桃形等；清代服饰改制，玉带制度废除，但仿明代的带板仍有制作。

157 何为玉带扣?

玉带扣是由玉带钩演变而来，是一种束腰带用具，由钩体和扣体组成。钩体前端雕一弯钩，多为龙首形；扣体前端凿一圆孔为扣，钩体和扣体正好能钩连在一起。钩体和扣体一般呈方形或椭圆形，正面有浮雕或镂雕纹饰。据有关资料记载，最早的玉带扣出现在汉代，但发现极少，一直没有流行，直到唐、宋方开始陆续出现玉带扣，元明两代玉带扣比较流行。

158 何为玉提携?

玉提携又叫“玉束带”，也是一种玉带上的装饰玉块，有长方形、椭圆形、花形等多种样式。玉提携较厚，两侧间有一通孔，革带可从通孔中穿过，有些束带下部带有长而窄的玉环，以备悬挂物件。

159 何为玉佩?

玉佩是一种随身佩戴的装饰玉器，其种类很多，形制多样，纹饰丰富，多取长寿、祝福、快乐之寓意，常见的纹饰有人物、动物、花草、文字等图案。玉佩历史悠久，自新石器时代至明清，长盛不衰。《礼记·玉藻》载：“古之君子必佩玉，右徵角，左宫羽，趋以采齐，行以肆夏，周还中规，折还中矩，进则揖之，退则扬之，然后玉锵鸣也。故君子在车则闻鸾和之声，行则鸣佩玉，是以非辟之心，无自入也。”

160 何为玉组佩?

玉组佩是玉佩的一种，又名“杂佩”、“佩玉”，是由璜、环、冲牙等多件佩玉串联组成的垂直悬挂的佩饰玉。玉组佩迄今所知最早见于春秋早期，战国达到极盛，汉代逐渐消亡。

161 动物形玉佩有哪些?

龙形玉佩形似龙，又名“玉龙佩”，多为片状，“S”形，腹部上拱，中间有穿孔，可穿系悬挂。龙形玉佩历史悠久，从红山文化一直延续到明、清。

虎形玉佩形似虎，又名“琥形佩”。商代晚期殷墟妇好墓出土一件虎形玉佩，长9.7厘米，佩体扁平，尾上卷，作伏卧状，以卷云纹象征虎斑，口牙间和虎尾处各有一圆孔。

鸟形玉佩形似鸟，历代均有，主要有孔雀、鸳鸯、凤、鹤、天鹅等造型。

马形玉佩形似马，又名玉马佩。商代晚期殷墟妇好墓出土有两件马形玉佩，长均为6.3厘米，佩体扁平，非常精美可爱。

鱼形玉佩形似鱼，又名“玉鱼佩”。佩鱼之风始于商代，商代的玉鱼多为片状，都很小，可能是随身携带的饰物。唐代以后，鱼形玉佩开始流行。宋代鱼形玉佩种类较多，分为无鳞鱼和有鳞鱼两种，常见的有鳞鱼为鳜鱼。到了元、明、清三代，鱼形玉佩的鱼形图案纹样更加丰富，出现了鱼与荷花等组合成的图案，寓意为“连年有余”，还有龙头鱼身纹样的玉佩，寓意为“鱼龙变化”。

西晋双龙纹鸡心形玉佩

春秋早期虎形玉佩

良渚文化鸟形玉佩

鹿形玉佩形似鹿，又名“玉鹿佩”。玉鹿佩是商、周时期玉饰中极具特色的作品。玉鹿佩有立体雕的，也有片状体、侧面形的。其造型或夸张其鹿角的分枝，或突出其吉祥和瑞，非常有艺术表现力。

羊形玉佩形似羊，又名玉羊佩，是常见的生肖器之一，因为羊是大吉之兽，“羊”字通“祥”字，故“大吉祥”常写作“大吉羊”。玉羊佩一般多为立体形雕，中间有一通心穿孔，便于佩系。

162 何为圆形玉佩?

圆形佩由系璧演变而来，造型和纹样极其丰富，诸如龙、凤、蝙蝠、麒麟以及花开富贵、福寿双全等种种图案。

163 何为玉别子?

玉别子是玉佩的一种，造型圆润，便于腰间别坠，故称别子，也称“腰坠”，常见的有双獾别子、福寿别子等。多采用圆雕手法，也有镂雕。古玩行通常把玉牌也称为玉别子。

164 何为玉勒子?

玉勒也是一种佩玉，有方勒、圆勒两种。方勒形似玉琮，只是器形要小很多。圆勒，多呈圆柱状，中有一很小的穿孔，仅可穿绳。玉勒还可用作项饰，或嵌于器柄。

165 何为玉蝉?

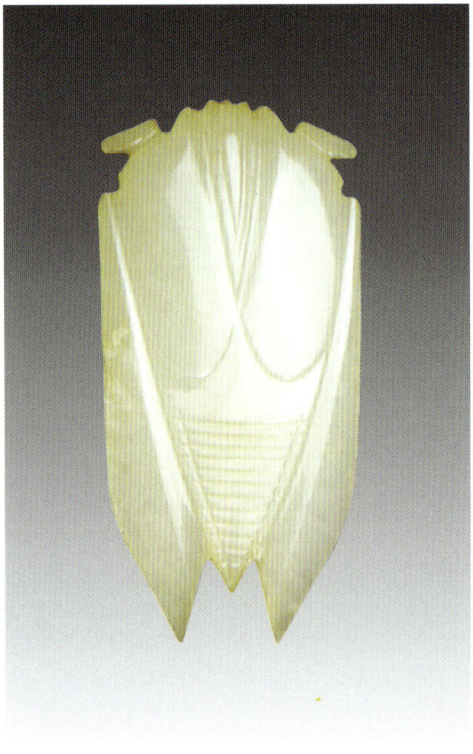

汉代玉蝉

玉蝉是一种似蝉虫形态的装饰玉，通常用作佩戴装饰。玉蝉作为佩玉始于新石器时代，带有穿孔。到了西周早期才发展为丧葬用玉，一般放在死者口中，是为含蝉，寓意为“转世、再生”。商、周玉蝉雕刻粗放，形象简明概括，通常用简单的阴线刻画蝉的身体部位。汉代玉蝉造型规整，变化较少。宋代仿制的玉蝉多作佩玉。明代玉蝉的纹饰线条雕工又粗又深。清代玉蝉有圆身蝉和片状蝉，其纹饰稀疏明朗，多用阳纹线来雕刻蝉身。

166 何为子辰佩？

子辰佩即雕有一龙一鼠的玉佩，一般龙蜷曲成环形，龙尾处有一老鼠，互相顾盼。在十二生肖中，子代表鼠，辰代表龙，故名。子辰佩寓意为“平安”，人们认为给小孩佩戴子辰佩有望子成龙的含义。子辰佩的制作始于汉代，到明清时期仍非常流行。

汉代子辰佩

167 何为璜形玉佩？

璜形玉佩，亦称佩璜，由玉璜演变而来，造型和纹样繁多，有朴素无纹饰的，有简单纹饰的，有把动物的轮廓变成璜形的。有一个或两个孔，便于佩挂。璜形玉佩不只是腰饰，也可作胸饰和颈饰。璜形玉佩在新石器时代就有制作，西周时盛行以璜作杂佩，一套佩玉中出现多重玉璜，自上而下排列。

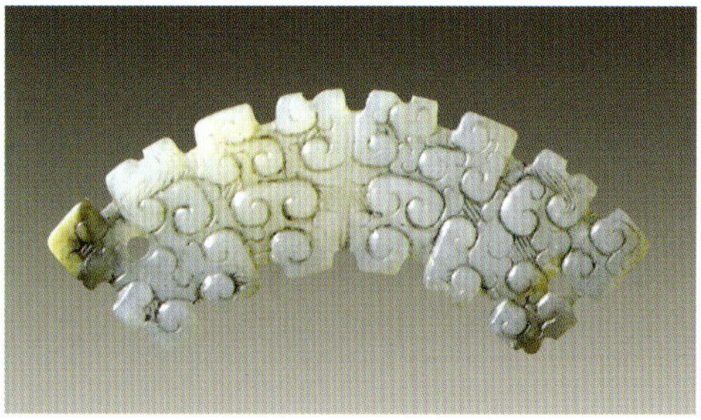

战国中期璜形玉佩

168 何为玦形佩？

玦形珮即以玦为佩饰，“玦”与“决”谐音，因此在《史记·项羽本纪》中有“范增数目项王，举所佩玉玦以示之再三。项王默然不应”的记载。

169 何为玉翁仲？

玉翁仲、玉刚卯、司南珮是古人认

东汉玉翁仲

为最避邪的三件宝贝。玉翁仲是一种玉人佩。翁仲本是人名，姓阮，安南人。相传秦始皇时他来到中国，始皇看他身材高大，武艺高强，派他守卫临洮，威震匈奴。翁仲死后，始皇命人用铜铸了他的像，放在咸阳宫司马门外。后人因其有神威之力，又用石雕成翁仲形象，守护坟墓，所谓“冢间石人曰翁仲”。今天见到的陵墓前的石人石马，其石人就叫翁仲。所谓玉翁仲就是玉制的翁仲，用于随身佩戴，以驱除邪魔。玉翁仲造型十分简单，穿孔方法或从头至足通心穿，或从头至胸腹间分穿两洞。

170 何为玉人？

玉人即用玉制作的人物造型佩饰，一般形体较小，立体雕，有穿孔，便于系

凌家滩文化玉人

绳佩戴。玉人最早出现于新石器时期，明清十分流行。品种很多，有各种式样的造型，各个时代有各个时代的特点。新石器时代玉人形象多为巫者；夏商周时期玉人多为跪坐姿态，或两手交于胸前的站立姿态，此外还有不少玉舞人形象；明清时期，多为吉祥喜庆、戏嬉游乐的玉人造型，如嬉婴、罗汉、寿星、仕女等等。

171 何为玉牌子？

玉牌子，呈方形或长方形，器表有浅浮雕或镂空雕刻的各种图案与文字，有孔可穿绳佩系。玉牌在明代开始盛行，清代多有仿明之作。

172 何为玉刚卯？

玉刚卯用以驱邪，是古代的护身符。

明玉刚卯

玉刚卯呈方柱形，长不过寸许，中间有通心穿孔，外壁四面刻有32字铭文："正月刚卯，灵殳四方，赤青白黄，四色是当。帝令祝融，以教夔龙，庶疫刚瘅，莫我敢当。"据说，雕这个须看时辰，应在新年正月出卯时动刀，时辰一过，即要停止，故曰"正月刚卯"；"灵殳四方"是讲该器之形；"赤青白黄，四色是当"意思为4种颜色代表四方，只要佩挂此物，就挡住了所有牛鬼蛇神的侵犯；而"帝令祝融，以教夔龙"则是告诉佩挂者，天帝已让火神警告夔龙不可作恶、不可食人了，违者即被烧死；"庶疫刚瘅，莫我敢当"是说，只要有刚卯在身，各种疾病就会被挡住。

173 何为司南佩？

司南佩，形似中文"工"字，因而又俗称工字形佩。司南佩由两个长方柱联体组成，顶部有一似司南勺状之物，底部为盘形，中间凹细处有个横穿孔，为穿绳用。司南佩寓意为不迷失方向，有趋利避凶的意义，古人认为，出门挂司南佩"是为吉祥"。

司南佩最早见于汉代出土墓中。宋代大多仿制汉代司南佩。明代的司南佩，多呈工字形或圆柱形，边缘锋利，线条较硬。到了清代，顶部改勺形为鸟形或方形，分为两种形制，有穿孔的仍旧做佩饰，没有穿孔的则作为陈设品了。

174 何为玉剑饰？

玉剑饰指剑上的装饰玉，古人又称之为"玉具剑"，分为剑首、玉剑格、剑璏（剑鞘上带扣）和玉剑珌四种。《说苑·反质》载："经侯过魏太子，左服玉具剑，右带佩环，左光照左，右光照右。太子不视。经侯曰：'魏国有宝乎？'太子曰：'主信臣忠，百姓戴上，

西汉兽面纹玉剑珌

此魏国宝也。’经侯应声解剑而去佩。”《汉书·匈奴传》载：“单于正月朝天子甘泉宫，赐玉具剑。”《汉书·王莽传》亦载：“进其玉具宝剑，欲以为好。”可见，当时贵族阶层多视玉具剑与玉佩饰为宝物。

175 玉剑饰都有哪些？

玉剑首是位于剑柄端部的装饰品，又称为“标首”，多为圆形或方形。玉剑首正面多浮雕有涡纹、谷纹、兽纹、云纹、蟠螭纹等。

玉剑格用于剑柄和剑身之间，即护手，有长方、椭圆、菱形等。还有的剑格，上端中部琢一缺口，下端中间略微出尖。在装饰方面，在平面上常琢满各类规整细致的谷纹、云纹、蒲纹、兽面纹等几何形图案。

玉剑珌即鞘末玉饰，与剑鞘末接触的一端多有穿孔，有的是只有一个圆孔，有的是在一条直线上并列有三个小孔，中间一孔略大，而且垂直，两侧的小孔斜透使三孔相通。正面呈梯形，中腰略收，面上饰有形式不同的图案花纹。

西汉卷云纹玉剑首

176 何为玉觿？

玉觿是一种角形玉器，形似兽牙，用于佩戴装饰或作为解系绳结的工具。

玉觿于商代流行，其后历西周、春秋、战国，至汉而不衰，汉以后消失。《诗经·芄兰》云：“芄兰之支，童子佩觿。虽则佩觿，能不我知。容兮遂兮，垂带悸兮。芄兰之叶，童子佩韘。虽则佩韘，能不我甲。容兮遂兮，垂带悸兮。”

177 何为玉珩？

玉珩是一种成组佩饰中最重要的组件，呈弧形片状。

玉珩是我国最古老的玉器形制之一，最早出现于西周，那时多用作胸饰，形状多不规则，变化较多。春秋、战国时

春秋时期双龙首玉珩

期，玉珩的形式和纹饰极为丰富，还出现了许多异形珩。汉代以后，玉珩的数量减少。到了明清时期，为了赏玩和收藏，多有仿制。

178 何为玉串饰?

玉串饰是一种项饰，由玉管、玉珠体贯穿而成。玉串饰始于新石器时代，良渚文化遗址中出土的玉串饰最有特色，良渚文化的玉串饰中，玉管的数量很多，通常以十余件或数十件贯联成串，每件玉管的截面大致呈圆形。而玉珠的数量较少，可分为直孔和燧孔两类。

179 何为玉凤?

玉凤，即玉制的凤鸟形器，其形态有片状的，有立体圆雕的，也有作图案使用的。

玉凤在新石器时代就已出现，唐以后比较流行。

180 何为玉山子?

玉山子即圆雕山林景观、人文景观或历史场景的大型玉器，一般根据玉璞的形状来碾琢。制作时先绘平面图，按照“丈山尺树，寸马分人”的原则来构图，再行雕琢，或浮雕，或深雕，使山林、人

宋青玉人物山子

物、动物、飞鸟、流水等层次分明，各具形态，以取得玉料、题材、工巧的统一。宋、金、元时代的玉山子多以山林、雄鹿、人物为题材。明代多以山石树木为主要内容。清代乾隆年间制作了许多玉山子，其中以“大禹治水”玉山最为宏大，此玉山由整块玉雕成，重十万余斤，是世界上最大的玉雕作品，也是中国古代玉器走向鼎盛的重要标志之一。

181 何为玉插屏?

玉插屏，一种小型的玉雕屏风。多用大块薄片方形、长方形、圆形玉板为屏心，雕刻纹样以后，一般插在一个精致的红木座上，或陈设在案上及架上。

清翡翠荷塘庭苑图插屏（一对）

182 何为玉挂屏？

玉挂屏，也是一种小型的玉雕屏风，屏心的制作与玉插屏一样，只是嵌镶陈设的方式不同。玉挂屏一般将屏心嵌入红木框中，然后挂在墙上，因而称作“玉挂屏”。

183 何为玉花插？

玉花插，即玉雕的插花器具，虽然主体为瓶形，但可以雕成各种造型，如白菜花插、荷叶花插等。花插也有大有小，不一定真要插花，也可以放在架上做陈设用。

184 何为玉蔬果？

玉蔬果，一种陈设玉器，即用玉石雕琢出蔬果形状，并且利用玉石原料上的颜色，制作出逼真的感觉来。如玉莲蓬、玉白菜等。

185 何为玉盆景？

玉盆景即玉制的盆景，玉盆景取材广泛，多以花卉、果木、山水、动物、人物为主，其中以花卉盆景和果木盆景最为常见。

清翡翠雕白菜摆件

186 何为玉如意？

玉如意有多种形状，或长柄钩，或扁如贝叶，柄端如灵芝形或云头形，大体长约二寸，有的还镶嵌了各种珠宝或雕

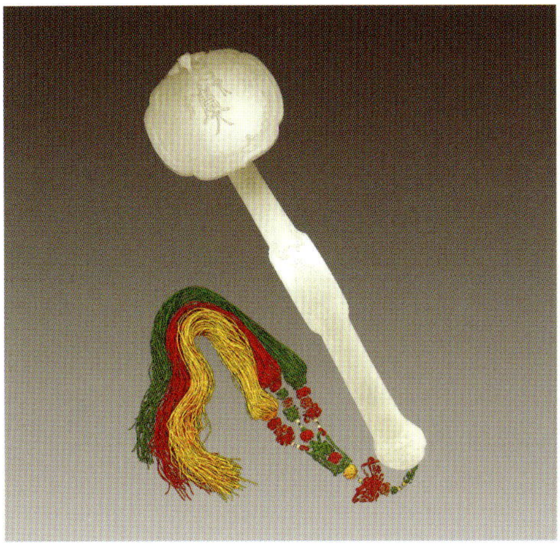

清白玉福寿呈祥如意

唐白玉飞天

有精美的寓意吉祥的纹饰。如意由古代搔痒用的爪杖演变而来，原为古印度佛教的用具，至于何时传入中国无据可考，而目前所见的古代如意，多为明、清所制，并以清代为最多。此时的如意已没有实用功能，只是一种“如人之意”的吉祥器物。

187 何为玉童子?

玉童子出现于唐代，盛行于宋代，其造型玲珑巧雅，生动可爱，寓意吉祥，适合随身佩戴把玩。古代常见的玉童子有攀枝童子、执荷童子、行走童子、骑鹅童子、戏傀儡童子、系带童子等。

188 何为玉飞天?

飞天是佛教诸神之一，于汉代从印度传入中国，而玉制的飞天形象即玉飞天最早出现于唐代，且出土极少。唐代玉飞天脸形较为丰满，裸胸、长裙、跣足，并受唐代绘画的影响，其衣裙紧贴腿股，与敦煌盛唐壁画上的飞天一致。辽金及宋代也有玉飞天佩，这时期的玉飞天的雕琢比唐代简单，没那么精细，但艺术效果也很强烈。

189 何为玉摩竭?

摩竭是印度佛教神话中一种长鼻利齿、鱼身鱼尾的动物，汉译作摩竭、摩羯、摩伽罗等。它被认为是河水之精，生命之本。摩竭的形象或以为源于鲸鱼，或以为源于鳄鱼，也有人认为其出于鱼、象、鳄鱼三种不同的动物形象。玉制的摩竭形象和玉飞天一样是佛教艺术中为人喜闻乐见的形象，最早出现于唐朝，辽代比较盛行，辽陈国公主墓（位于内蒙古哲里木盟奈曼旗）中就有用白玉和琥珀制作的摩竭鱼佩或坠饰。

唐白玉摩竭鱼

190 何为玉神祇？

玉神祇是原始社会部族图腾崇拜的产物，形象多为神化的祖先、部族的英雄、杰出首领、凶猛的动物以及自然神祇等。如红山文化的猪龙、鸮、燕，良渚文化中透雕人首牌饰，龙山文化神人面玉佩，商代玉羽人、人兽面合体饰等玉雕。

191 何为玉舞人？

玉舞人最早出现于战国时期，在汉代最为流行。其形象比较统一，一般为长袖折腰翩翩起舞的女舞人。舞人长发高盘于头上，长裙曳地，一袖上扬于头顶，甩到身子的另一侧，一袖横置腰际，袖垂于身子的另一侧，作翩翩起舞状。

192 何为玉辟邪？

辟邪是一种传说中的神兽，体形有些像狮子，有角（独角或两角），有翼，因其有“辟除邪恶”之用，故为古人所重。玉制的辟邪即玉辟邪，迄今所知最早出现于汉代，但在唐代以后极少见，及至清代中期，复以新的形式出现。

193 何为玉麒麟？

麒麟俗称“四不像”，是一种仁兽、瑞兽，与龙、凤、龟并称为“四灵”。其身体像鹿，头形像羊，有角，牛尾，马蹄。由于是想象传说中的动物，故记载不尽相同，有许多种造型奇特的玉麒麟。陆游诗句：“腰佩玉麒麟”，可见它是古人佩饰玉之一。

194 何为玉龟？

龟也是四灵之一，玉龟即龟形玉

凌家滩出土的玉龟

雕，又名“玉鳖”。玉龟最早流行于新石器时代，最初应为一种占卜玉器，多为立体圆雕，器形很小，有的有小孔，可穿绳佩戴。宋代以后的玉龟多做镇纸之用。

195 何为玉蟾蜍？

玉蟾蜍即玉制的蟾蜍，蟾蜍俗称“癞蛤蟆”，虽然丑陋但是却有许多美丽的传说。比如传说月宫中有三条腿的蟾蜍，所以月宫又被人称作“蟾宫”；世人用“蟾宫折桂”来比喻考取进士；而“刘海戏金蟾”则与财富有关，因此人们通常把蟾蜍叫金蟾，俗语有云：“家有金蟾，财源滚滚。”

196 何为玉獾？

獾为寒带动物，体形大小如狐狸。“獾”谐音“欢”，故玉雕佩件中常会有玉獾出现，并以两只獾合雕在一起为多，寓意为“合家欢”，是佩饰馈赠之佳品。

197 何为玉莲藕？

莲藕出淤泥而不染，为高洁之植物。“藕”与“偶”谐音，藕又隐含“节节通”之义，因此，玉雕佩饰件中常有玉莲藕、玉藕片出现。

198 何为玉摆件？

玉摆件是一种玉制的陈设艺术品，最早出现于宋代，盛行于明清时期，其形制很多，大致可分为玉人物摆件、玉兽摆件、玉雕花鸟摆件。玉人物摆件多以仙佛、神话人物、历史人物、仕女、老人、儿童等为刻画对象，一般采用圆雕形式，注重人物脸部的雕琢，注重人物神态及情节内容的表现；玉兽摆件多以杂色料为原料，造型有鸡、牛、马及龙、凤、麒麟、朱雀、辟邪等，注重各种动物不同习性的不同表现，往往动静结合，神态传神；玉雕花鸟摆件以花卉、鸟类、虫鱼为表现题材，选料讲究，刻画真实，这样的摆件往往具有立体三面观赏的功能，造型优美，色彩鲜艳。

和田白玉寿星摆件

199 何为玉铺首?

玉铺首用于门上装饰之用。汉代出土玉铺首很多，目前发现最大的一件高34.2厘米，宽35.6厘米，重10.6千克，浮雕和镂雕结合，兽面纹饰威严肃穆，雕琢非常精致。

西汉兽面纹铺首

丧葬用玉

200 何为玉覆面?

玉覆面即玉质的丧葬面具，又称“瞑目”，指古墓葬中死者面部覆盖的缀有玉片的绢帛面幕，有缀玉面罩和整玉面具两种。其中缀玉面罩较常见，最早出现于新石器时代，流行于西周，发展到汉代成为玉衣，包裹死者全身。玉覆面按照人的五官制作玉片，玉片的配置常因墓主身份地位或家境情况的不同而有繁有简。由于眼睛在五官中最为重要，因此不论怎么简化，眼玉都是不能去掉的，而玉覆面被称作“瞑目”即缘于此。

玉覆面

201 何为玉含?

琀也称“饭含”(“琀”字又写作“含”、“唅”)，指含在死者口中的葬玉，与“九窍”之一的口塞不同。《说文解字》中说：“琀，送死者口中玉也。”古人认为死者不能空口而去，口含一物，可以再生，同时也希望通过这种玉石之美来保护死者尸身，使其不朽。据考古发现，早在殷商时期，死者口中就含有玉蝉、玉鱼、珠、贝等；西周墓葬中也有玉蝉、玉贝乃至小玉块等含玉；汉墓中发现的含玉则多为玉蝉。

西周鸟形玉琀

202 何为玉握?

玉握又名“琟”，是一种死者握在手中的玉器。就如同玉琀是古人不忍心死者“空口而去”一样，玉握是古人不忍心死者“空手而去”，认为死者一定要握着点东西来象征财富或权力。玉握最早出现于新石器晚期，流行于周代至汉代，玉握以汉代的玉猪最为有名，玉猪又名“玉豚”，多为圆柱形，头部尖细，用“汉八刀”之法雕琢猪腿与眼、鼻等。

203 何为玉衣?

玉衣又名“玉匣”、“玉柙”，是一种包裹死者全身玉质的衣罩，其外观与真人体形相同。玉衣由金丝或铜丝按照人体比例连缀许多几何形小玉片而成，可分为头罩、上身、袖子、手套、裤筒和鞋子六个部分，通常一件玉衣要用2000—4000

西周龙纹玉握

片玉片制成。玉衣由玉覆面发展而来，形成于西汉时期，止于东汉末年。在西汉，玉衣的丧葬制度非常严格，有金缕、银缕、铜缕三种等级制度。据《后汉书·舆服志》记载，皇帝使用金缕，诸侯王、列侯、始封贵人、公主用银缕，大贵人、长公主用铜缕。可见不同的材料表示死者身份的高下不同。

204 何为玉塞?

玉塞即所谓“九窍玉”，填塞或遮盖在死者身上九窍的9件玉器。所谓“九窍”，指人的两只眼睛，两个鼻孔，两个耳孔，一个嘴，以及生殖器和肛门。“九窍玉”即：眼塞2件，鼻塞2件，耳塞2件，口塞1件，肛门塞1件，阴塞1件。其中眼塞又称眼帘，圆角长方形；鼻塞略作圆柱形；耳塞略作八角锥体形；口塞如新月形，内侧中端有三角形凸起；肛门塞为锥台形，两端粗细不同；男性生殖器塞为一短琮形，一端封闭，女性为一短尖首圭形。晋代葛洪《抱朴子》中说："金玉在九空与，则死人为之不朽。"

205 何为玉耳珰?

玉耳珰是一种放在死者耳边的玉饰件，根据放置具体方位的不同分为两类。一类有孔，悬挂于耳上；一类没有孔，塞在死者耳中。

西汉白玉九窍塞

日用玉器

206 何为玉碗?

碗是家庭的日常生活用具，玉碗有多种样式，有高足碗、盖碗，如白玉莲瓣盖碗、碧玉高足碗、青玉飞龙喜寿字碗等。

清翡翠盖碗

207 何为玉杯?

玉杯比玉碗小，有带柄和无柄之别。玉杯的形制更丰富，有各式各样的纹饰和造型，如白玉葵花杯、青玉雁柄杯、青玉竹节杯、青玉斗式杯等，都非常别致。

208 何为玉瓶?

玉瓶形式十分繁多，有素面的，有雕琢纹饰的，可作容器或陈列品。

209 何为玉壶?

玉壶即玉制的壶，其形制最富于变化，可作容器或陈设用品，如方壶、执壶、双耳壶等等。

210 何为玉觥?

玉觥是一种似动物角形的盛酒的器具，在清代常见。其形制大体仿西周时期的铜觥，大口，尾部卷曲，有底座，外部雕琢有动植物图案。

西周白玉凤觥

211 何为玉卮?

玉卮，古代一种盛酒器，由盖和卮体组成，卮体呈圆筒状，有三足，一圆扳手。《史记·高祖本纪》：“高祖奉玉卮，起为太上皇寿。”

212 何为玉尊?

玉尊是一种盛酒器具，流行于汉代。其基本形制为三足，单耳直筒形状，多为王公贵族使用，是身份地位的象征。

汉代玉卮

213 何为玉豆?

玉豆是一种盛物的容器，专用于放置腌菜、肉酱和调味品等。器浅如盘，高足，有的有盖。豆是新石器至商、周之时的食具、祭器，以青铜制最为多见。玉豆极少，现在所见玉豆基本为明清时仿制的。

214 何为玉匜?

玉匜一种玉制的盥洗用具。青铜器的匜盛行于西周晚期，而玉匜则出现于宋代。

215 何为玉盒?

玉盒出现于唐宋时期，流行于明清时期，其形式多样，有方形、圆形、桃式等，如北京故宫博物院藏的清雍正年间的金胎珊瑚雕云龙福寿纹桃式盒，高19厘米，长24.5厘米，宽20.5厘米，桃形，盒身满雕云水纹，有盖，盒盖金质口沿，满雕凸起的云龙纹，中间雕福寿纹。

清翡翠盖盒

216 何为玉盘?

玉盘也是家庭的日常用具，大的叫“盘”，小的叫“碟”。敞口，浅腹，有圈足，多为圆形，明清时流行，品种繁多，式样多样。唐代诗人白居易的《琵琶行》中说:“嘈嘈切切错杂弹，大珠小珠落玉盘。”

清翡翠盘

217 何为玉几?

玉几为古代一种用玉装饰的案几，是家具的一种，形体较小。玉几的文字记载最早见于《尚书 · 顾命》:“相被冕服，凭玉几。”但玉几多为达官贵人或宫廷所用，民间很少，因此非常罕见。

218 何为玉杵臼?

玉杵臼为玉制的杵和臼。杵为舂米用的棒槌，臼为中间凹下的舂米器具，两者须合用。唐代裴铏《传奇》曾写及有神仙所遗灵丹，但需玉杵臼捣六百日。故后世亦以玉杵臼比喻难得之物。

219 何为玉凿?

凿是一种挖槽或穿孔用的工具，形体窄长，平刃或弧刃。玉凿即玉制的凿，最早出现于商代晚期。

220 何为玉纺轮?

玉纺轮是一种玉制的纺织工具，圆形，中间穿孔，壁比较厚。玉纺轮与玉璧除大小、厚薄有差别外，其形制、制作技术几乎一样，表明两者有极近的渊源关系。

新石器时代玉纺轮

221 何为玉香炉?

玉香炉指佛前焚香的玉炉，大都作“鼎”形，或有盖，或无盖，有各种纹饰雕工。常见的有亭子炉、鼎式炉、高足炉、兽形炉等。

明朝簋形玉炉

222 何为玉薰?

玉薰又叫“香薰”，是用来燃香料熏房间或衣物的玉制薰具，由托盘、承柱、炉身、炉盖四部分组成。依形制不同又可分为玉薰盒、玉薰筒、玉薰炉。

223 何为玉花薰?

玉花薰是供放鲜香花、干香花或香料用并使香味散出来的玉制薰炉，周身镂空雕花，香花放在里面，香味由四边镂空处溢出。造型多样，如鼎状、簋状、碗状或者圆筒状、方筒状等等。

224 何为玉鼻烟壶?

鼻烟壶是装鼻烟的器具，清代盛行吸鼻烟，因而鼻烟壶也非常讲究，佩戴上品的鼻烟壶成为一时的风尚。传统玉石都可制作鼻烟壶，如水晶、玛瑙等，但最珍贵的还数翡翠和和田玉。其形制小而扁，具体造型和纹饰则千变万化。

清饕餮纹翡翠鼻烟壶

225 何为玉灯盏?

玉灯盏是玉制的生活用具之一。古时点油灯，灯盏多为铜和陶瓷所制，玉制的很少。存世的有青玉高足灯盏。

226 何为玉枕?

玉枕即玉制或用玉装饰的枕头。中国人自古有枕玉而眠之习惯。古代玉枕可分为三种：整块都用玉制成，长方形，枕面有凹坑，方便枕入人的头部；在金属或木板上镶嵌长条形玉块；铜制或漆木制的枕头，在上面镶嵌各种玉饰。在汉代还流行一种随葬用的特别玉枕，形制比较简单。

文房玉具

227 何为玉笔筒?

玉笔筒是玉制的一种用于放毛笔的

清山水人物纹玉笔筒

筒形器物，各色玉材都有，以黄玉、白玉为多，有素面的也有刻有图案的，流行于明、清时期。

228 何为玉笔架?

玉笔架是一种临时搁毛笔或插毛笔的玉制文房用具。造型多种多样，一般多为“山”字形，因而又名玉笔山。

明代玉砚

229 何为玉砚?

玉砚即玉制的砚台，据文献资料记载，早在上古时代，黄帝就“治玉为墨海，篆文为帝鸿氏砚”。但只是传说，玉砚大量出现是在明、清时期。玉砚虽然质地细腻、坚实，而且不吸水，不伤笔毫，但滑而不发墨，所以玉砚不实用，作为文房用具仅作陈设用。有时用来研朱砂。

230 何为玉砚滴?

砚滴又称“水滴”、“书滴”，贮存清水供磨墨之用，最早出现于晋朝，流行于明、清两代。玉砚滴即玉制的砚滴，器形较小，空腹，有单独的进水孔和出水孔，样式多样，古雅别致。

231 何为玉书镇?

玉书镇又名“玉镇纸”，用于压书或纸，一般多作尺形，又称“镇尺”。玉书镇有各种造型，如动物造型马、鹿、兔等，但底部均为平板形，否则不能起到压纸作用。

232 何为玉笔洗?

玉笔洗是洗濯毛笔用的文房用具，类似碗碟。据考古发掘来看，玉笔洗可能产生于秦汉之际，目前所知最早的玉笔洗为故宫博物院收藏的汉代作品。

明晚期至清青玉花式洗

233 何为玉笔管?

笔管又称“笔杆”，是用手执笔的部分，多用竹制。玉制的笔管即玉笔管，色美，质细，明、清两代比较多。

234 何为玉臂搁?

臂搁又称“搁臂”或“腕枕”，是一种写字时垫在手腕下的文房用具，多为瓦筒状，两侧底边稍向下卷，凸起的表面上多镌刻有花纹和文字。我国古代的书写格式，是自右向左，为了防止手臂沾墨，人们写字时用臂搁搁放手臂，故名。

清竹节玉臂搁

235 何为玉墨床?

玉墨床是用来放墨锭的玉制文房工具，器形较小，其形状多样，有几案形、盒形、圆形等。迄今所知最早的玉墨床为明代器物，清代玉墨床较多，但多用玉镶嵌床面。

玉雕梅花小墨床

236 何为玉色盘?

玉色盘是用来调制颜料的玉质盘，敞口，腹浅，最早见于商代。

237 何为玉水盂?

玉水盂是盛放磨墨水的文房用具，多为圆形，似钵，器形小而雅致，在文玩类的工艺品中，属于品位较高的藏品。

清青玉水盂

238 何为玉印泥盒?

印泥盒又称“印奁”、“印色池”，即用来盛放印泥的小盒，多为圆形、椭圆形、方形倭角等。玉制印泥盒造型各异，雕琢精妙，也是属于品位较高的藏品。

239 何为玉制炉瓶三式?

古人在书房中常摆放炉、瓶、盒三种器具，称作“炉瓶三式”，亦称“炉瓶三事”。炉是焚檀香用的，有镂空的盖子。瓶里则会插一只镀金铜铲和一双镀金铜箸，是拨香灰和夹檀香木及炭精用的，小盒则是盛放檀香木的。

清青白玉直纹炉瓶三式

240 何为玉印章?

中国古代印章起源于商代，发展至今，除日常应用外，又多用于书画题识，并发展成为我国特有的艺术品之一。玉印章即玉制的印章。汉代玉印在古印中十分珍贵稀少，值得收藏。

241 何为传国玉玺?

玉玺是玉印章的一种，自秦以来，玉玺作为代表皇权的专有之物，只为皇室所用。而皇帝的专用玉玺，共六方，为“皇帝之玺”、“皇帝行玺”、“皇帝信玺”、“天子之玺”、“天子行玺”、“天子信玺”。这六方玉玺的用处分别为：“皇帝之玺”，赐诸王书则用之；“皇帝行玺”，封常行诏敕则用之；“皇帝信玺”，下铜兽符，发诸州征镇兵，下竹使符，拜代征召诸州刺史，则用之；“天子之玺”，赐诸外国书则用之；“天子行玺”，封拜外国则用之；

西汉前期“皇后之玺”玉玺

"天子信玺"，发兵外国，若征召外国，及有事鬼神，则用之。

皇帝还有一方玉玺不在此六方中，即"传国玉玺"，又称为"传国玺"、"传国宝"。传国玉玺据说是秦始皇命玉工用和氏璧琢制的，方圆四寸，螭兽钮，上交五蟠螭，正面刻李斯所写篆文"受命于天，既寿永昌"（说法不一），以作为"皇权神授、正统合法"之信物。传国玉玺作为国之重器，为秦以后历代帝王相传之符印。传国玉玺贯穿中国历史长达两千多年，忽隐忽现，最终在元顺帝时销声匿迹，因此明清两代均未传传国玉玺。

发展演变篇

新石器时代玉器

242 新石器时代的古玉文化遗址有哪些？

新石器时期古玉文化遗址最著名的有辽河流域的新乐文化和红山文化，黄河流域的仰韶文化、大汶口文化、龙山文化和齐家文化，河姆渡文化、长江流域的大溪文化、石家河文化、良渚文化，东南沿海地区的曲江石峡文化及台湾卑南遗址等。

在所有的新石器时期玉文化中，主要以北方的红山文化和南方的良渚文化为代表。

新石器时代玉器的造型以几何类和像生类为主，器形以方圆形为主，其装饰纹样多采用管钻及阴刻手法。像生类玉器取材有两种，即现实生活中物种和幻想中的神化异化物种。

新石器时代玉器的纹饰大都简单古朴，多为兽面纹、人物纹、几何纹等，一般采用阴线雕刻或浮雕。

红山文化勾云形玉佩

243 新乐文化玉器的代表作是什么？

新乐文化遗址位于沈阳北郊，距今7000多年，自1973年起经文物部门两次发掘，先后出土数百件玉、石器制品。其中最引人注目的有五件玉器，分别为：墨玉斧一件，造型扁平，一端有刃；墨玉圆凿式雕刻器一件，黑白花纹，玉质细腻；青玉双刃斧式雕刻器一件，造型扁平，两端磨刃；碧玉双刃凿式雕刻器一件，玉质晶莹，打磨光亮，造型长直，断面呈椭圆形态，两端有刃，刃口锋利；鼓形墨玉珠一件。

244 红山文化玉器的主要作用是什么？

红山文化是我国北方地区新石器时代的一种原始文化形态，距今5500—6000年，分布在东起辽河流域、西至燕山南北的广大地区，由一个庞大的部落集团所创造。因1935年首次在内蒙古赤峰市郊区红山附近发现这种原始文化遗址而得名。

红山文化出土玉器很多，在各地发现的红山文化墓葬中，常发现有玉器随葬。以玉为葬，以玉为祭，是红山文化

红山文化玛瑙串佩饰

上层建筑的重要组成部分。从出土的玉器中不难看到，红山文化出土的玉器有相当一部分与原始宗教有关，至少有一部分可以确定为具备了礼器的性质，有的可能具有双重意义。它既是人们所佩带的装饰品，同时也是人们从事宗教活动和礼制化的产物。如玉璧是装饰品，但也是祭天的礼器；玉钺作为随葬品是墓主人权威身份的象征，但是在祭祀礼仪中，它便成了巫师手中的法器；玉龟、兽形玉和龙形玉，都是当时人们信奉的灵物。而且这些玉器的制作已非常规范化，这说明这类玉器的制作不是随意为之，而是遵守着严格的规则，受一定观念形态所制约的。

245 红山文化玉器有何特点?

红山文化玉器的器形多为动物形，器形较小，多为扁平体，因为大多用于悬挂、佩戴，所以几乎所有的器物都琢有孔洞。其钻孔方式有单面钻孔和对钻两种。

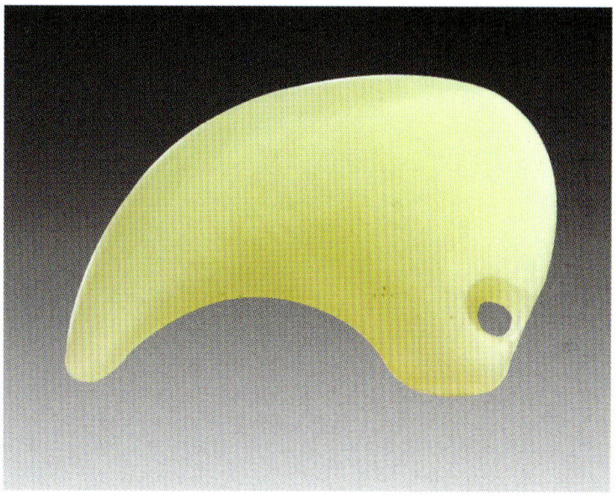

红山文化玉钩形器

从出土玉器来看，其孔壁上都有螺旋打磨痕迹。有的有台阶式痕迹，应为对钻时对接有误差造成的。

246 红山文化玉器主要分哪几类?

红山玉器的品种主要分为三类：一是动物类，有玉龟、玉鸟、玉蝉、玉猪、

红山文化玉猪龙

玉龙等；二是佩装类，有勾云形玉佩、鱼形玉佩、虎形玉佩、玉珠坠、玉环、马蹄玉箍、棒形玉等；三是神器类或礼器类，有兽形玉，双龙首玉璜、玉璧，双联玉璧及三联玉璧等。

红山文化的玉材主要是岫岩玉（蛇纹石），少量的有绿松石、青金石、墨玉、青玉、玉髓、玛瑙和煤玉。所用玉材多乳白色、浅白色、淡绿色、黄绿色、淡黄色，亦有青色、深青色和棕褐色，有少量碧色、正黄色和黑色。一般为蜡状光泽，也有一些呈玻璃光泽。

247 红山文化玉丫形器有何特点?

丫形器是红山文化玉器中的一种特别品种，形若“丫”字，故名。其用途至今还是一个谜，有人认为是一种祭祀玉器，也有人认为是氏族首领的权力象征。外形呈片状，兽头，有大而薄的双耳，耳间有较深的凹凸，器表雕有兽面纹，眼廓呈双联环形，有宽而薄的阔形嘴，器柄略窄于上部，但要长很多，有凹凸相间的横节纹，下部有孔。

248 红山文化玉圆孔边刃器有何特点?

圆孔边刃器又称圆形器，孔大，内外缘均磨成刃状，但不够锋利，两面均呈圆弧凸起，一般钻有一至两个小孔以便佩系，似

红山文化玉梯形圆孔边刃器

璧但非璧。圆孔边刃器似从环状刃形器发展而来，应为切割的工具。圆孔边刃器除了圆形外，也有不少的三角形、梯形或多边形。

249 红山文化玉勾云形器有何特点?

勾云形器也是红山文化代表性玉器之一，又称勾云形玉佩，它不是一般性的装饰玉器，而是为当时的礼制专门制作的一种礼器。勾云形器多为扁平的长方形，中心镂空一弯钩，四角对称地向外呈卷钩状，中间厚，四周薄。还有的勾云形器一边或两边带有双并连的尖齿。

红山文化勾云形玉器

250 红山文化玉马蹄形玉器有何特点?

马蹄形玉器是红山文化玉器中的独特品种之一，呈长筒形，一端平口，一端斜口，平口两侧有小孔，估计为系绳所用，整体形似马蹄，故名。其用途原来不明，推测是臂饰；但根据其出土情况来看，多被认为是束发的发箍。因为在墓葬中，这种马蹄形玉器多发现在人的头骨后侧。

红山文化马蹄形玉器

251 红山文化玉三孔器有何特点？

三孔器是红山文化特有的玉器，有平首状或兽首状的，其中以兽首形的三孔器较多。三孔器的用途众说纷纭：有人认为这是一种套在手指上的作战兵器；有人认为这是一种祭祀礼器，是部落首领在举行重大活动时与天对话的工具；也有人认为三孔器本身就是一种图腾；还有人认为器上的三个孔，代表三重天，也可能表示太阳。

252 红山文化玉猪龙有何特点?

玉猪龙在红山文化中多有发现，猪首龙身，整器似猪的胚胎，呈“C”形，口微张，兽首肥大，双耳竖立，吻部前突，鼻尖以阴刻线饰多道皱纹，脊背部对穿双孔。在出土和传世的此类玉器中，绝大部分玉猪龙的高均在 15 厘米以下。玉猪龙不仅仅是一种装饰品，而且应是代表某种等级和权力的祭祀礼器。

253 红山文化“C”形玉龙有何特点?

玉龙是红山文化玉器中最有代表性的一种玉雕。这种玉龙最有名的是内蒙古昭乌达盟翁牛特旗三星他拉村出土的大型龙形玉，是我国迄今发现最早、保存最好的玉龙，有“中华第一龙”之称。这件玉龙弯曲成“C”字形态，似玦，最大直径达26厘米，身前蜷，尾部向上自然弯曲接

红山文化“C”形玉龙

近于头部，头部稍大，鼻孔呈圆形，龙嘴抿成一条线，双眼凸起，前圆后尖，额部及下颌皆刻有细密的方格形网状纹，自额头向后脊延伸有一条长须。龙身中部有一小孔，可用于悬挂和佩戴。

254 红山文化玉鸮有何特点？

鸮是灭鼠能手，在我国北方很常见，因此在红山文化玉器中多见玉鸮。红山文化中出土的玉鹄多作展翅飞翔状，鸮首突起，双眼圆睁，非常威猛。玉鸮不仅仅是一种装饰玉器，更是当时人们心中的神，人们通过它可以和上天神灵沟通。

255 红山文化玉龟和棒形器各有何特点？

红山文化玉器中玉龟头部略呈三角形，颈长伸，背椭圆，尾尖，四肢蜷伏。红山文化遗址出土的玉龟多为一对，分别放置在死者的左右手中。

棒形玉器为红山文化特有，用途至今不明。通常为棒槌形，断面圆形，通体磨光。

256 大汶口文化都有哪些玉器？

大汶口文化是我国黄河下游地区的新石器文化，距今4400—6300年，1959年发现于山东泰安大汶口遗址，因而得名。主要分布在山东、苏北、皖北和豫东的汶河、泗河、沂河、淄河、淮河下游的广大地区。

大汶口文化遗址出土的玉器很多。如在山东地区大汶口文化遗址中，发现了玉铲、玉锛、玉凿、玉指环、玉臂环、玉笄和玉管饰等；在江苏新沂花厅大汶口文化墓葬中，出土了150件（组）玉器，有琮、琮形锥状器、琮形管、锥、耳坠、串饰、镯、环、瑗、指环、佩、柄饰、珠、管等。

大汶口文化玉人面

257 大汶口文化玉器有何特点?

大汶口文化玉器的基本器形为几何形、圆曲形和方直形。在纹饰方面多为人面纹，主要是线刻纹饰，比较简约。大汶口文化出土的玉器中多为小型的佩戴性玉装饰品，基本不见玉璜、玉玦。

从出土玉器看，大汶口文化玉器的钻孔是用先琢后钻法完成的，即先把玉器琢好，然后在要钻孔的地方进行反复琢磨，当器体出现圆形凹槽时，再用尖锐的钻具进行钻孔。在大汶口遗址四号墓出土有镶有绿松石珠的骨雕筒，这是我国古玉史上最早嵌绿松石工艺的实例。

大汶口文化玉钺

大汶口文化玉器是由一种近似于细石的玉材制成的，玉质细腻滑润，透明度很差，或泛青色，或泛黄色，还有的在青色中带有褐色花斑，另外还出现了类似岫岩玉的制品。

258 龙山文化玉器都有哪些品种?

龙山文化泛指我国黄河中、下游地区新石器时代晚期的一类文化遗存，因发现于山东章丘龙山镇而得名，距今3950—4350年，分布于山东、河南、山西、陕西等省。龙山文化出土的玉器较多，主要品种有穿孔玉斧、刻纹玉笄、斧形玉刀、玉钺、玉铲、玉镞、镞形玉玲、玉镰刀、玉芟刀、玉璧、玉璜、组合玉佩、玉镯、玉簪、玉钏、玉管、玉璇玑、鞍形玉器、几何形玉器、人头玉雕像以及嵌绿松石的骨器等。

龙山文化玉璇玑

259 龙山文化玉器有何特点?

龙山文化玉器的基本器形为几何形和动物形，纹饰多为网格纹、直线纹、人面纹、兽面纹及鸟纹等。在玉器的制作上，主要采用片雕和镂雕的方式，一些镶嵌工艺也得到了使用，线纹上有阴刻和阳刻，但多采用阳刻的方式。

龙山文化鹰纹玉圭

龙山文化时期，玉器加工工艺有了很大进步，当时出现了厚度不到1厘米的刻玉刀，因此龙山文化的玉器制作没有红山文化那样粗糙。从出土玉器来看，龙山文化轻薄的钻孔没有明显的大小变化，并且器表的纹饰雕琢以浮雕为主，镂雕为辅。其线纹有阳线纹和阴线纹两种，多为阳线纹。

260 龙山文化玉器所用玉材有哪些?

龙山文化玉器所用的玉材多为透闪石。有人认为这些透闪石来自山东海阳，河南洛阳、孟津，陕西神木、延安、蓝田，山西汾水等地；也有人认为来自辽宁宽甸等地。其他材料还有玛瑙、玉髓、绿松石、蛇纹石等。

261 龙山文化礼仪玉器有何特点?

龙山文化的礼仪玉器种类繁多，有玉琮、玉圭、玉戈、玉钺、玉璇玑等，这些玉器都带有龙山文化的典型特点。比如龙山文化的玉琮有扁平状的，也有短分节式的，其纹饰或有简化的兽面纹或光素无纹；龙山文化的玉圭多平首式，顶缘有刃，纹饰多为人面纹、兽面纹、鸟纹；龙山文化的玉钺多为扁平状的梯形，两腰略收，背部平直；龙山文化的玉璇玑以璧或环形为主体，外缘顺出三个或四个指向一致的齿形。

262 龙山文化神人兽面纹玉锛有何特点?

神人兽面纹玉锛，山东日照两城镇出土，现藏山东省博物馆。该玉锛呈长方形，扁平体，刃口宽度略大于肩部，长18厘米，宽0.8厘米。在玉锛的两面肩部都刻有神人兽面纹样，该纹样是以云纹的单条曲线为基础相互连接而成，形象极度变形，但总体结构不失人面模样：中有涡纹双眼，鼻翼为横纹装饰，头戴对称花冠，颌下云纹环绕。有一面还刻意琢出显露牙齿的大嘴，于柔曲的线条之中蕴藏着狰狞之美。

龙山文化神人兽面纹玉锛

263 龙山文化神人兽面纹玉斧有何特点?

神人兽面纹玉斧，亦名平首圭，北京故宫博物院藏品。玉斧总体为扁平长方形，腰略内收，上有圆孔，两面中部都饰有弦纹和绳纹。有一面还琢有神人兽面纹，也是以若干单个云纹勾连而成，装饰味道很浓，长21厘米，宽5.5厘米，厚1厘米。

龙山文化玉人头

264 龙山文化玉冠饰有何特点?

1989年，山东省临朐县朱封出土一件龙山文化时期的玉冠饰。此件玉冠饰为簪形，由簪首和簪柄两部分组成。簪首形似玉佩，纹饰左右对称，轮廓冠饰由两色玉组成，冠饰背为青白玉，作镂空处理的对称夔龙纹饰，花纹间镶嵌绿松石，簪首的下部边缘磨出凹槽，簪柄顶端有一榫式缺口，正好插入此凹槽内。簪柄细长而尖，为青玉竹节饰，做工精致。这件玉冠饰代表了山东龙山文化玉器的最高水平。

265 马家浜文化玉器都有哪些？

马家浜文化是环太湖地区范围内与河姆渡文化平行发展的一支新石器时代文化，距今6000—7000年之久。马家浜文化最早是在1959年3月发现于浙江嘉兴南7.5公里处的马家浜，故名。马家浜文化出土玉器有玉璜、玉钺、玉镯、玉管及玉坠等，所用玉材有白玉、青玉、蛇纹石玉料和玛瑙等。马家浜文化玉器遗存状况与河姆渡文化相仿，属玉器文化的初起时期。

马家浜文化玉玦

266 崧泽文化时期制作玉器吗？

崧泽文化以上海市青浦区崧泽遗址为其代表，分布范围仍以太湖流域为中心，基本上和马家浜文化相一致。主要遗址有吴县的草鞋山、张陵山、武进区的圩墩村、松江区的扬村庙等，距今5000—5300年。崧泽文化早期的玉器遗存很少，墓葬中寥寥无几，基本只有玉玦出土，玉璜出土很少。崧泽文化中期，出土有璜、环、珠、坠等。崧泽文化晚期，有较大型的玉镯、玉璧和超大型的玉斧出土。

267 崧泽文化玉琀和玉璜各有什么特点？

崧泽文化遗址出土的三件玉琀应是史前玉中最早者之一，其形式非常独特，样式各不相同，有三个造型：一件是淡绿色，圆饼形，一侧穿一个小孔；另一件同是淡绿色，却做成了璧形；还有一件是墨绿色，鸡心形，中间穿一个孔，长达4.2厘米。

崧泽文化玉璜

崧泽文化遗址出土的玉璜有着丰富多样的特点，有半环形的，也有半璧形的，更有两件仿鸟鱼之形的玉璜，仅为崧泽文化时期所见，造型生动、含蓄，可能是当时意识形态的一种反映。

268 为什么说良渚文化玉器是新石器时代玉器制作的高峰？

良渚文化是我国长江下游太湖流域一支重要的新石器时期文明，因1936年发现于浙江余杭良渚镇而得名，距今4150—5250年，主要分布在江苏、浙江、上海三省市内，其中以浙江余杭反山、瑶山的良渚文化遗址最为有名。良渚文化的玉器，达到了我国史前文化的高峰，其数量之众多、品种之丰富、雕琢之精湛，在同时期的中国乃至整个世界拥有玉传统的部族中都是独领风骚、首屈一指的。

269 如何看待良渚文化反山遗址大型祭坛？

反山良渚文化祭坛遗址位于杭州余杭区长命乡雉山村，1986年由浙江省文物考古研究所反山考古队进行了首次发掘，在650平方米的范围内清理墓葬11座。这些古墓全部位于一座人工堆筑的“高台土冢”之上。

这次发掘所获玉器达1100余件（套），占全部随葬品的90%以上。这些玉器的品种为：玉璧5件、玉琮21件、玉钺5组（连同玉冠饰、钺身和玉端饰）、玉璜4件、玉镯12件、玉带钩3件、冠形饰9件、锥形饰73件、圆牌形饰13件、镶插端饰19件，此外还有柱状器、杖端饰（分带榫杖端饰和带卯杖端饰）、串挂饰（含管、珠、坠相互搭配串联而成）；单粒品种有竹节形管、束腰形管、鼓形大珠、小珠、束腰形珠、球形珠、半圆形珠；坠饰有琮形管；串缀饰有鸟4件、鱼1件、龟1件、蝉1件。此外还有镶嵌件等。

270 良渚文化玉器所用玉材有什么特点？

良渚文化玉器所用玉材主要以太湖地区、天目山和宁镇山一带出产的软玉为主，也可能来自辽宁宽甸或细玉沟，成分主要是透闪石和阳起石。另有一部分和岫岩玉接近，矿物成分以蛇纹石为主，可

良渚文化玉圭

能来自镇江。此外，还有玛瑙、玉髓等材质，可能来自安徽和江苏六合。

良渚文化玉器选材广泛，玉色不尽相同，多乳白色、浅白色、青色、浅黄色、浅淡的青绿色等，玉器表面多泛出宝石般的莹润光泽。也有一些因长期受到沁蚀，玉质变得疏松，表面光泽尽去，质感与粉笔相似。另外，出土的玉璧、玉环等器面常有白色、赭褐色或墨绿色的盘状条斑，颜色驳杂，质地并不纯净。

271 良渚文化玉器的工艺特点是什么？

良渚文化玉器的装饰和使用多与巫术礼仪有关。这时期的玉器多由初始的装饰物向神异灵物演变，其纹饰主要以人面纹、兽面纹为主。因此良渚文化的玉器展示的多为一种狰狞之美。

良渚文化玉器的造型多为几何形和人物形等，几何形中有圆曲形的，有直方形的，也有方圆结合的，另外还有一些是三叉形。在良渚文化时期出现了大型玉礼器，比如玉琮，有的直径达40厘米。

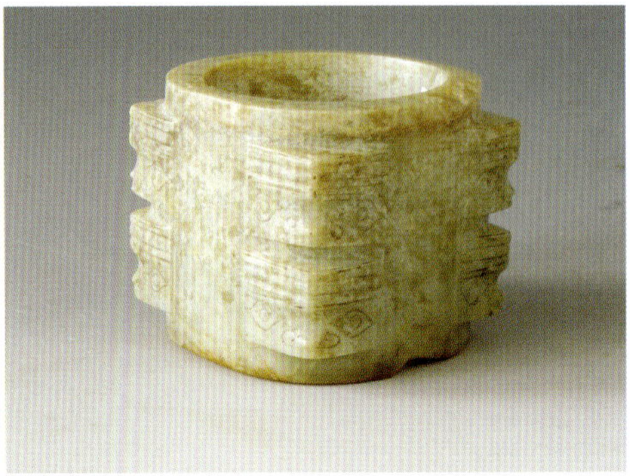

良渚文化玉琮

良渚文化时期，玉器制作的工艺非常完善，切割玉料和在玉器上钻孔都比红山文化有了很大进步。良渚文化玉器的装饰手法以阴线刻为主，浅浮雕为辅，并出现了圆雕、半圆雕、镂空等高难度的装饰技法。有人推测，当时已经有原始的砣具了。此外良渚文化时期还采用了许多新的工艺，如组装件、穿缀件和镶嵌件等。镶嵌件是良渚文化的一大创举，开创了中国镶嵌技术的先河。

272 良渚文化玉器的主要种类有哪些？

良渚文化的玉器种类有璧、琮、钺、斧、钺冠饰、钺端饰、杖首、冠状饰、三叉形饰、半圆形冠饰、椎形饰、柱状饰、镯、璜、瑗、锥、笄、臂饰、兽面饰、靴形器、带钩、纺轮、蝉、鸟、龟、管、珠、坠以及各种形式的小玉片等几十个品种。其中以大型的玉琮、玉璧、玉钺、冠状饰等礼器最为引人注目。

273 良渚文化玉器中的玉锥形器和三叉形器各有什么特点？

玉锥形器是良渚文化最常见也是最有特点的玉器，器身修长，体形有方锥形和圆锥形两种，横断面呈方或圆形，并饰有简单的神人兽面纹。玉锥形器的一端收缩成一短榫头状，上有小孔，也有无钻的；另一端逐渐收敛成尖锥形。

三叉形器，目前仅在浙江余姚的反山、瑶山有发掘，因器物上有三个并列的叉子而得名，曾被称作山形器。出土的三叉形器大部分在死者头部发现，因此推测可能是某种头饰。

274 良渚文化玉琮有何特点?

良渚文化的玉琮的基本形制为内圆外方，器表分节，并且良渚文化所有玉琮都刻有简繁不一的神人兽面纹，常见的有高型琮、二节琮和琮形器三种。

高型琮是玉琮的新形式，整体呈方柱形。一般来说，八节以上的高型琮呈上细下粗的样式。器表有的饰有简单的人面纹，有些高型琮的上口处刻有阴线符号。八节以下的高型琮种类多有变化，其横截面或呈方形或呈圆角方形。

良渚文化的玉琮中最精美的应该属于反山M12墓的一件玉琮，有学者称之为玉琮王。此玉琮高88厘米，射径17.1厘米—17.6厘米，孔径4.9厘米，重达6500克。玉琮中有圆管形小孔，在等分的四角做出三角状饰，最上层和第三层为巫面纹，第二层和第四层为兽面纹。在玉琮直槽的上下部位，各雕刻两组完全一致的巫骑兽纹，四角共八组，四个中间饰也是八组，因此共有十六组巫骑兽纹。

良渚文化玉琮

良渚文化玉璜

275 良渚文化玉钺有何特点?

良渚文化玉器中的玉钺，器形较大，一端为刃状，另一端呈不规则的齿状，用来插入木柄。有的钺上还带有神人

良渚文化圆形玉璧

兽面纹饰。

反山遗址M12出土了一件玉钺，为目前唯一发现的雕琢有神人兽面纹图案的玉钺，有学者称其为玉钺王。此玉钺近方形，形如“风”字，圆弧刃，雕琢有巫骑兽纹，器柄嵌有玉片。

276 良渚文化神徽有何特点？

在良渚玉琮王上的巫骑兽纹，是迄今为止发现的良渚文化中最完整最具象化的神人兽面纹图案，应为巫以玉事神时的一种典型形象。即巫戴头（傩面），文身，骑着由小巫觋扮演的兽来事神，因而称之为良渚神徽，神人兽面、神徽的有机结合，正是当时政教合一、等级分化的真实反映。

277 何为齐家文化玉器？

齐家文化距今3500年左右，相当于商代早期。但由于地处偏远，当中原地区已经进入青铜器时代时，黄河上游一带还停留在新石器时代。齐家文化最负盛名的玉器为甘肃武威皇娘娘台遗址所出，从其出土的文物中可以看到，当时玉器的琢磨技术已较高，选料也较精良，说明这里已经盛行葬玉习俗。还有一个有趣的现象：那些没有能力随葬玉器的人家，常在墓中放几片粗玉片、粗玉石块或小玉石子，可见玉在齐家文化居民的心目中已经有了重要的位置。

278 齐家文化代表玉器品种是什么？

齐家文化玉器的代表品种：（1）工具类玉器，有玉斧、玉铲、玉锛等；（2）玉神器，有玉神人、玉琮等；（3）兵器类玉器，有玉刀、玉戈、玉矛、玉钺等；（4）装饰类玉器，有玉璜、玉璧、玉珠、玉管、玉坠等等。

齐家文化出土的玉器品种多样，也各有特色，如玉铲，呈梯形扁薄造型，制作规矩，锋刃锐利，并且通体磨光。靠背部处穿一孔，以便配置铲柄之用；玉锛，呈长方造型，锋刃锐利，打磨异常精致；玉璜呈扇面形，两端有孔，便于系挂；玉璧，齐家文化的玉璧形制较为特别，有圆形、椭圆形和方形三种；玉珠多呈长条或扁圆形态，中间有孔，便于穿缀悬挂。

齐家文化人面纹玉琮

齐家文化渔夫纹玉璧

279 何为大溪文化玉器?

四川巫山大溪文化遗址位于巫山瞿塘峡南岸，大溪文化的范围西达川东、东临汉水、南至湘北、北抵荆州。年代为公元前4400—公元前2700年，延续了1700余年。大溪文化出土的玉器可分为三类：耳饰类，出土块形、梯形、方形、圆形等各种耳饰多件；臂饰类，即玉镯；项饰类，有小型的玉璜、玉璧、玉坠等饰物。

280 凌家滩文化玉器品种有哪些?

含山凌家滩文化古玉遗址位于安徽东部，这是长江中下游地区出土新石器时代玉器的一处重要遗址。主要品种有玉镯、玉璧、玉钺、玉环、玉璜、玉管、玉笄、扣形玉饰、纽形玉饰、菌状玉饰、刻纹玉饰、半椭圆形玉片、长方形玉片、三角形玉片、玉勺、玉龟、玉人、玉斧形器等。

281 含山玉人有何特点?

该玉人“国”字脸形，浓眉长眼，阔嘴短须，耳有穿孔，头戴扁冠，双腕饰纹似玉环之状，中部有斜纹作腰带之形，双手上举，平行抚于胸部，神态凝然，似作虔诚之态。这一形象生动地反映了这一地区原始居民的衣着特点和精神风貌。玉人高近10厘米，背部有两个隧孔，可作穿缀吊挂之用。含山玉人为迄今所见新石器时代最完整的直立玉人。

282 含山凌家滩文化玉器中的“图书玉片”有何特点?

在编号为M4的墓中，出土了一套玉龟，由玉制的腹甲和背甲组合而成。出土时腹甲朝上，背甲朝下，呈倒置状态。在这两枚玉甲中间夹着一枚长11.2厘米、宽8.2厘米的牙黄色玉片。玉片呈长方形，外表鼓凸，两面磨光。两短边和一长边琢成凹形边缘，短凹边上各钻五孔，长凹边上独钻九孔，另一长边的两角又各钻两孔。玉片中心的刻纹为两圆相套，小圆

含山凌家滩文化玉人

内接方心八角形，大圆内分八等份，每份各刻一箭头向外，圆外又刻四个箭头向着四角方向。有关专家指出，内圆方心八角图案代表的是太阳，外圆代表的是宇宙和天球。八个箭头既是表现太阳的光芒，又代表了八个季节的变化，四角箭头是代表八卦中之四象。玉片上所刻图形就是原始八卦的图样，玉片四边上4、5、9、5的孔数与洛书内容相合，所以名之为“图书玉片”。

283 玉在石家河人心目中的地位如何？

石家河文化距今4000—4600年，因发现于湖北省天门市石河镇而得名。石家河文化晚期遗址出土的众多玉器，是长江中游新石器时代玉器的一个重要代表。

石家河文化晚期墓葬的总体特点是以玉为主，或曰以玉殓葬。从肖家屋脊遗址发掘出的109座墓葬观察，属晚期者77座，其中有随葬品的瓮棺16座，这当中除M6有一只陶杯外，所有随葬之物全部都是玉器，而没有其他任何生活用具，有的墓虽无玉器，却放入了1—3枚残玉或碎片。石家河人的祖先宁愿在墓中放入玉石碎片，也不放入其他生活用品。这些玉器的造型非常优美，加工技术比较成熟，巫灵观念比较突出，玉崇拜的心理比较强烈，显示玉文化已较发达。

284 石家河文化玉器的代表品种有哪些？

石家河文化玉器大致可以分三类：一是工具类，指玉纺轮和玉制锛、刀；

石家河文化玉人头

石家河文化玉人头

二是装饰类，指珠、管、坠、璜、笄等物；三是人头像和诸种动物头像，我们也可将这类玉器视为神灵崇拜玉器的范畴。

石家河文化晚期出土了100多件玉器，器形都很小，除笄系固发专用，最长者也不过6.5厘米而已，其他所有玉器长度都在1厘米至5厘米之间。这些玉器大多有榫孔，或背面有凹槽，作固定之用，可穿绳、可插嵌、可胶粘，可固定在衣物上或吊挂在人身上，说明石家河人使用这些玉器是通过装饰来表现崇拜心理。

285 卑南文化玉器有何特点?

卑南文化遗址位于台湾东部卑南山区，属台东市，距今三四千年，是一个新石器时代的部落遗址，出土玉器达1000多件。

该遗址安葬方式是以石板为棺，埋于住屋室内地下，这种习俗十分罕见。从玉材来看，大多使用花莲玉、蛇纹石类玉，多为台湾当地所出。卑南玉器遗存中最具特色的品种当属玉环，从形制上来看，有玦形、椭圆四突形、外方内圆四突形、长方形、“几”字形等，这当中除圆形外其他造型非常少见。更有“人兽形”和“多环人兽形”耳环，造型抽象，十分奇特，应是古代神灵意识的一种物质体现，不能单纯地看作一种装饰。从整个面上来看，在几乎所有的墓中，随葬玉器的数量相差都不是很大。卑南文化遗址中发现有大形贝类工艺材料砗磲，并且和玉石出同一墓室。

卑南文化多环兽形耳饰

286 卑南文化玉器的代表品种有哪些？

卑南文化遗址出土的古玉有三类：一是装饰类，其中著名的文物有菱形玉珠穿缀的头饰，大量的各种各样的玉制耳环，玉制珠、管、棒串联的项链、挂坠，环形或喇叭形的手镯等；二是工具类，有玉锛、玉凿及端刃器，往往刃口锐利，使用痕迹清晰；三是兵器类，主要有玉矛和镞，两刃对称、锋利，中脊坚挺，形态优美。

卑南文化玉人兽形耳饰

287 北阴阳营文化玉器的材料有哪些？

北阴阳营文化遗址地处南京市内，是新石器时代的一个氏族公共墓地。该遗址早在抗日战争以前即被发现，新中国成立后先后经过4次发掘，发现玉器近300件，且器形规整，玉材多为玛瑙，亦有透闪石、阳起石及蛇纹石等。

北阴阳营文化遗址中有两个值得注意的有趣现象：一是以天然雨花石作为玉，摆放于人口中，这是国内独一无二的现象。雨花石形纹俱佳、天生丽质，属玛瑙类，玉器行业中称之为雨花玛瑙；二是有一个屈肢人骨怀抱着一只彩色陶罐，罐内放着九件玉器和玛瑙器。

288 北阴阳营文化玉器的主要品种有哪些？

北阴阳营文化玉器品种有玉钺、玉璜、玉珠、玉管、玉坠。在墓穴中，玉环多出于人骨之耳际，是为耳饰；玉璜多呈半环形，置于人的颈部，当为颈饰；玉管呈柱形，多出于人的胸部和腰部，作为人身的装饰。

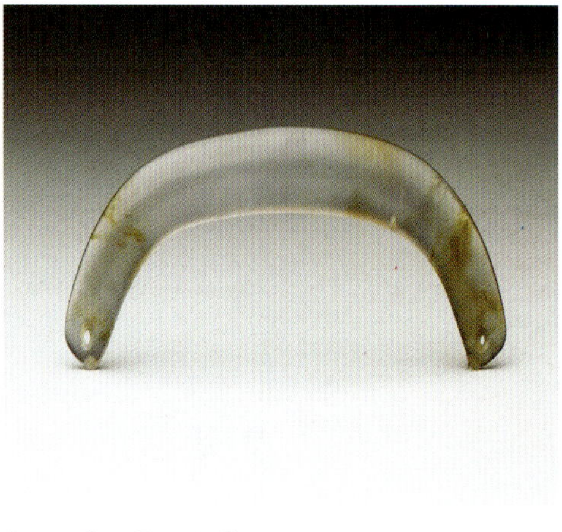

北阴阳营文化玛瑙璜

289 三星堆文化遗址出土有玉器吗?

自1929年三星堆遗址在四川广汉被世人发现以后，至今已出土各种玉器，数以千计。

三星堆乃古巴蜀王国遗址，其时间跨度相当于中原的龙山文化至夏、商、周三代时期。三星堆玉器一方面具有浓郁的地方特色，特别是工具类的刀、斧、锛、凿、锄、斤、锥、匕以及磨玉石、舌形器等，艺术造型传统、粗犷，琢磨抛光后细致精密，古蜀文化特有的山岳、鸟类、凹字、人物纹样表现得非常鲜明突出；另一方面又有着明晰的中原文化风貌，特别是礼器类的璧、琮、圭、璋、瑗、环以及兵器类的戈、矛、剑、钺等，既有着与商代玉器一样的阴线刻纹等装饰手法，又有着西周典章严格规定的礼制造型。

三星堆文化纵目式玉神人

三星堆文化玉琮

290 如何认识河姆渡文化玉器?

河姆渡文化早于马家浜文化和崧泽文化，相当于黄河流域的仰韶文化时期。其遗址是我国发现最早的新石器时代遗址之一，占地面积40000平方米，距今6900年左右，位于浙江省余姚市和宁波市之间，最初发现于1973年夏，出土玉石器达数千件，并且有属于纯玉类的玉环、玉钺、玉管、玉珠四大品种。

河姆渡文化玉器遗存亦如仰韶文化，尚处于早期装饰品阶段，具体特点表现为：一是玉、石混用，同样造型的装饰品，有玉质的，又有石质的；二是制作粗糙，器形不甚规整；三是品种单调，除装饰用玉外，尚未出现其他类别的玉器。

河姆渡文化玉玦

291 潜山薛家岗文化墓葬有何特色？

安徽潜山薛家岗文化遗址，至今已有五六千年历史，位于潜山县城南7.5公里处的河镇乡利华村与水岗村交界处。1979—1980年曾先后进行过3次发掘。玉制品多出于薛家岗新石器时代遗址之第三期当中，该期共发掘墓葬80座，计有玉铲11件、玉环18件、玉璜18件、玉管85件、玉琮2件、玉饰33件、无名玉器1件。在这批墓中，随葬品最少的只有2件玉器，最多的有46件，其中玉制品达30件。

292 潜山薛家岗文化玉器有何特点？

潜山薛家岗文化遗址在葬俗及其他文化特点方面与南京北阴阳营文化、上海青浦崧泽文化有许多相似之处。当时佩戴玉器风气盛行，琢玉技术已经成熟，以玉装饰、随葬已成习俗，玉崇拜意识已较突出。薛家岗文化遗址出土的有些玉刀、玉铲还在钻孔周围绘有红色的花果图案，既

潜山薛家岗文化玉刀

实用，又作礼仪之具，这在新石器时代是不多见的。而玉制礼器仅有两件玉琮，高仅2厘米，孔径只有1.6厘米，这些可能只作为装饰之用。

293 如何认识仰韶文化玉器？

仰韶文化最早发现于河南渑池仰韶村，其分布范围以河南、山西、陕西为中心，西到甘肃，东到河北，北到内蒙古，南到湖北等省、自治区的部分地区。

仰韶文化出土的玉器表现了玉文化早期的特点，多以小型装饰件为主。如1957年在河南偃师汤泉沟仰韶文化遗址中出土青白色玉璜一件；1972年在临潼姜寨少女墓中出土两件绿色的玉坠；20世纪80年代湖北均县朱家台仰韶文化遗址亦发掘出绿色的玉坠等等。这些小形装饰玉器有着相同的特点：器身平薄，造型完整，打磨光滑，穿孔吊挂。及至仰韶文化晚期，在西安半坡遗址中发现了用和田玉制作的玉斧，在河南南阳黄山仰韶文化遗址中发现了墨绿色的独山玉斧。这就证明早在六七千年以前，中原地区就已经应用新疆软玉。

夏商西周玉器

294 如何认识夏代玉器？

夏代玉器发现很少，并且至今尚未发现其代表性的玉器；但是夏朝作为我国历史上的第一个奴隶制国家，是中华大地上的古老人类跨入文明的门槛的象征。因此夏代玉器在历史交替时期的承上启下的价值是不容忽视的，可以说夏代玉器既是对新石器时代玉器的历史总结，又为商代玉器的发展奠定了基础，是中原玉器的开创阶段。

夏代玉器的主要材质为独山玉，包括白独山玉和青独山玉两种。另外，夏代还用绿松石等制作玉器。

295 夏代玉器有何特点？

夏代玉器虽然发现很少，但也有其特定的时代特点，主要表现为在礼仪玉器中玉兵器占了重要地位。这可能与夏代是经过激烈的战争后才得以建立的历史特点有关。比如二里头遗址中出土的玉戈，这时期的玉戈虽然保持了龙山文化玉戈的一些造型特点，但是它的器形要比龙山文化时的玉戈大得多，有的玉戈长达43厘米，器形之大，实属空前。

296 夏代玉器在工艺上有何特点？

夏代玉器一般比较规整，器表比较光滑，其工艺特点主要有四点：一是扉牙特点。在夏玉的刀、钺、璋、圭等玉器器身的两侧都有对称的锯齿形小牙，亦称之为“扉棱”，一般每侧六脊；二是阴刻线纹，平直细密，或相互平行，或交叉成组格纹样，这是夏代玉器的独特线纹特点；三是浅浮雕的应用；四是镶嵌工艺的应用完全成熟，如二里头文化遗址出土的镶嵌绿松石铜牌饰。

夏代玉器的纹饰主要有直线纹、斜格纹、云雷纹和兽面纹等。云雷纹见于玉圭。兽面纹有橄揽形眼眶，圆眼珠，宽鼻翼，闭口。

夏代玉璇玑

297 夏代玉钺有何特点？

夏代玉钺有两种形式：一种呈长方形或梯形，两侧边缘有齿状扉棱，刃略作弧形，中上部钻两圆孔，近似于龙山文化玉钺的形制；另一种整体接近圆形，顶端较圆，两侧较直，弧刃分成连续四段，每段为双面直刃，中间钻一大孔，这是夏代玉钺的创新形制。

298 夏代玉戈有何特点？

夏代玉戈大多数直内，援部窄长。有两种常见形式：一种为双刃玉戈，尖锋，援与内相连处有斜线纹，无中脊，内上一孔；一种为尖锋，锋前端略起一段中脊，内部窄短，穿一孔。

夏代玉戚

夏代玉圭

299 二里头文化玉器主要分布在哪里？

二里头遗址位于河南偃师二里头村，于1959年发现，距今3500—3800年，属中国夏朝文化的重要遗址。因此二里头文化出土的玉器就是夏代玉器的代表性形态。

二里头文化遗址主要有河南登封玉村、偃师二里头、郑州洛达庙、洛阳东干

夏代玉戈

沟、临汝煤山，山西夏县东下冯，陕西七里铺等。

300 二里头文化玉器主要有哪些种类？

二里头出土的玉器的品种大致可分为四类：一是礼玉类，有玉琮、玉璜、玉戚璧、玉圭、玉璋等；二是玉兵器类，有玉刀、玉钺、玉戈等；三是饰玉类，有玉管、玉珠串、瓶形饰、尖状饰、瓶塞形饰、方形玉、月牙形玉、绿松石饰（珠、片）等；四是嵌玉类或配件，有嵌绿松石的青铜容器、绿松石饕餮眼及玉铃舌等。

二里头玉戈

301 二里头文化出土的七孔玉刀有何特点？

二里头文化玉器的基本造型为几何形，并以直方形为主，如玉斧、玉圭、玉刀等。二里头文化玉器大多光素无纹，所饰纹饰一般不在主要部位，而在边缘。

二里头文化遗址出土的玉刀，又称

二里头文化七孔玉刀

为七孔玉刀。长65厘米，墨绿色，局部有黄色沁，器体呈扁平状，为肩窄刃宽的宽长梯形，两侧有对称的凸齿，近肩处有等距且排成一直线的7个圆穿孔。玉刀两面饰纹相似，皆以交叉的直线阴纹组成网状和几何纹图。此器保存完好，且有迄今所见最精美的饰纹，堪称绝品。

302 二里头文化出土的嵌绿松石兽面纹青铜饰牌有何特点？

嵌绿松石兽面纹青铜饰牌，1981年出土。长14.2厘米、宽9.8厘米，器体呈长圆形，中间弧状束腰两端各有两个穿孔钮，凸面由许多不同形状的绿松石片嵌成兽面图案。此件出土时位于墓主人的胸部，由此估计是佩饰。

二里头文化嵌绿松石兽面纹青铜饰牌

303 商代玉器总体特征是什么？

商代早期玉器出土和传世较少，目前所见的商代玉器，绝大多数是商代晚期的，即盘庚迁殷后的270多年，因此这时期玉器的出土地点主要在河南安阳殷墟。据不完全统计，殷墟出土商代晚期玉器有1200件以上。但是由于殷墟的11座大墓均被盗，因此这里很少发现完整玉器。

304 商代玉器的造型特征是什么？

商代玉器的造型有几何形、圆雕人物形、动物形等，几何形又有圆曲形和直方形。器形上以小型片雕玉器为主，形体大小多为5厘米至10厘米，一般作装饰品。而大型片雕玉器多为礼仪玉器，如玉戈、玉刀等。商代玉器除了少数玉兵器等礼仪玉器没有纹饰外，其余玉器都有非常华丽的纹饰，龙纹、鸟纹等动物纹得到了空前发展，几何纹如直线纹、折线纹、弧线纹等多用挤压法琢出。在玉鸟、玉钺、璇玑等玉器上出现了“凹”形凸齿装饰，这是商代玉器独有的装饰。

商代鸟形玉佩

305 商代玉器主要分为哪几类？

商代玉器大致可分为三类：礼仪玉器，包括璧、琮、圭、戈、环、柄形器、牙璋等；装饰玉器，包括环、玦、璜、管、珠、镯、坠饰、串饰、扳指、笄、玉人、凤冠玉人等，其造型以动物形为多，如虎、象、熊、鹿、马、牛、羊、狗、鹤、鹰、鹦鹉、雁、鸽、燕、鹅、鸭、鸬鹚、鱼、龟、蛙、蝉、蚕、龙、凤、兽面、饕餮、龙凤合体等；生活用具玉器，这是商代的玉器首次出现的一种玉器品种，如殷墟妇好墓出土有商代玉簋等。

商代晚期雷纹玉簋

306 商代玉器纹饰有何特点?

同新石器时代相比较，商代玉器的纹饰也有了很大发展，在玉鸟、玉钺、璇玑等器物上出现了“凹”形凸齿装饰。这是商代玉器独有的装饰，也是识别玉器时代的标志。商代玉器的纹样多为直线纹、折线纹、弧线纹、重环纹、兽纹等等。商代玉器上的兽纹较多，有的源于龙，有的源于牛、羊，还有的源于未知的动物。兽角、兽眼及兽面上的装饰纹都有明显特点。

商代白玉出凸缘璧

307 商代玉器的玉材有何特点?

商代玉器使用的玉材非常丰富，有岫玉、独山玉、绿松石、玛瑙、孔雀石、水晶等，尤其是新疆和田玉开始使用。此时的新疆和田玉大部分属青玉，白玉较少，青白玉、黄玉、墨玉、糖玉更少。

商代玉璇玑

308 商代玉器的工艺特点是什么?

根据文献和实物资料可知，商代的玉雕工艺在当时高度发达的青铜铸造业的基础上改进了生产工具，如原始的青铜砣具、质地坚硬的石英砂等广泛用于玉器制作当中。同时商代玉器的制作工艺的各个环节也比较完善，商代玉器上对钻的穿孔不见“台痕”，可见当时钻孔技艺的娴熟。商代还出现了最早的俏色玉器。商代玉器的镶嵌工艺直接继承夏代并有所发展，或在玉器上镶绿松石，或在青铜器上嵌玉等等。

309 商代礼仪玉器有何特点?

商代是中国奴隶社会的大发展时

期，也是古代玉器发展的高峰时期之一，因此这时期随着礼法制度的完善而形成了一套完备的礼仪玉器及用玉制度。其使用的礼仪玉器有璧、琮、圭、戈、环、柄形器、牙璋、矛、钺、戚和刀等。其中以璧、圭为大宗，其特点鲜明，碾琢细致，器形也较优美。

310 商代玉璧有何特点?

商代前期的玉璧器形厚重，光素无纹，有的璧面平齐，有的边缘稍薄呈弧刃状。后期玉璧形体变大，厚度变薄，多数仍光素无纹，有的孔的周围有一周凸起的棱，个别有同心圆纹饰。

311 商代玉琮有何特点?

玉琮在商代数量并不多，同新石器时代相比，商代的礼仪用玉琮有明显的衰退趋势，而一些用于装饰或把玩的玉琮却明显增加。商代玉琮可分为主柱琮（此琮两端贯一通孔，端部四角进行切削，呈近似八方形的圆口，外表光素无纹饰）、筒式琮（此琮主体部位近似圆筒，外周琢有装饰）、镯式琮（此琮器孔较大而高度很小，似镯，外表饰凸起的装饰）。

312 商代玉圭有何特点?

商早期的玉圭在龙山文化玉圭的样式上增加了绳索类纹饰。到了商代中晚期，圭的端部和纹饰等多有变化。

313 商代玉戈有何特点?

商代玉戈主要有三种类型：第一类玉戈宽援（刃部称为援），窄内，内部比援部窄许多；第二类玉戈援与内等宽；第三类援与内之间有装饰的凸齿。从形状上看，第二类玉戈近似周代的圭，因此可以说商代的这种玉戈可能是后代尖顶玉圭的雏型。

314 商代牙璋有何特点?

商代早期的牙璋以张嘴兽头为栏，齿牙增多，一般镶有绿松石。商代中期牙璋的张嘴兽头逐渐简化，密集的平行弦纹组成齿牙并贯穿扉牙部及其附近。商代晚期，牙璋衰变，此后逐渐消失。

商代早期牙璋

315 商代玉刀有何特点?

商代玉刀可分为边刃和端刃两种。

端刃刀的柄端雕成各种动物形象，如鸟、鱼、壁虎和夔龙等。这种小玉刀往往在柄端钻一小孔，便于佩戴。

316 商代柄形器有何特点？

商代的柄形器呈长方形片状或方柱状。器身一端较宽，两侧有凹弧，似器柄；另一端略窄并带有凸榫。有些柄形器上有穿孔，便于系绳携带。

317 商代鸟形玉雕有哪些？

《诗经·商颂·玄鸟》云："天命玄鸟，降而生商。"这句诗讲述了商人的起源，传说商的祖先名叫契，契的母亲简狄是另一支部落的有娀氏之女，吞食了玄鸟蛋后怀孕，生下了契。因此商代就把"玄鸟"当作崇拜的生灵，故而在商代玉器中鸟形玉雕相当多，而且种类相当繁杂，有展翅飞翔的鹰、曲颈而思的鹅、短尾矫健的燕等等，都与这种图腾崇拜有关。商代玉鸟中最精美的有高冠玉鸟、兽首鸟身佩、鸟首人身佩等等。

商代鸟首人身玉佩

318 殷墟妇好墓出土的玉器有哪些？

殷墟妇好墓位于河南安阳西郊小屯村北，1976年发掘，是唯一能与甲骨文相印证而确定年代与墓主身份的商王室成员墓。该墓南北长5.6米，东西宽4米，深7.5米。

妇好据说是商王武丁60多位妻子中的一位，即祖庚、祖甲的母辈"母辛"，是我国最早的女军事家。其墓共出土了755件玉器，这是迄今商代玉器最重大的一次发现。这些玉器中除了一些传统的礼仪玉器，如玉琮、玉圭、玉璧、玉璜、玉戈、玉矛、玉戚、玉刀、玉工具等外，还出现了一些新器形，如玉篦、玉纺轮、玉梳、玉耳勺等等，纹饰也非常丰富繁多，其中有些器形尚属罕见。

319 妇好墓出土的跪坐玉人有何特点?

这件跪坐玉人通高7厘米，跪坐姿，头戴圆箍形帽，前连结一筒饰，身穿交领长袍，下缘至足踝，双手抚膝，腰系宽带，两肩饰“臣”字目的动物纹，右腿饰S形蛇纹，面庞狭长，细眉大眼，“臣”字形双眼前视，宽鼻小口，小耳。玉人腰左侧插一带柄器，下端弯曲，上端作卷云形，柄一面饰节状纹和云纹，与衣纹不连，不知何解。

商代妇好墓出土的跪坐玉人

320 妇好墓出土的玉阴阳人有何特点?

这件玉阴阳人是殷墟妇好墓出土的玉器中最独特的一件，通高12.5厘米，厚1厘米，一面为男性，另一面为女性。男女均裸体，作站立状，双手皆放于腹部，足下有榫，可能这件玉人常被插嵌于一处膜拜。阴阳文化是中华文化的一部分，影响深远，妇好墓的阴阳玉人应是这种文化现象的反映。

商代妇好墓出土玉阴阳人

321 妇好墓出土的玉凤有何特点?

玉凤是商代晚期玉器的新创形式之一，殷墟妇好墓出土的玉凤，通高13.6厘米，厚0.7厘米，高冠钩喙，短翅长尾，身前有透穿镂孔，背部有外凸的穿孔圆钮，便于穿绳悬挂。

322 妇好墓出土的玉龙有何特点?

这件出土于殷墟妇好墓的玉龙，长8.1厘米，高5.6厘米，昂首张口露齿，“臣”字形眼，背脊呈锯齿状，尾内卷，两足前伸，各有四爪。此玉龙继承了红山文化的玉龙的特点，但又有变化，形体更趋于完善。

商代妇好墓出土的玉凤

323 殷墟妇好墓出土的玉簋有何特点?

妇好墓有两件玉簋出土，一件用白玉制成，上有黄斑。侈口圆唇，腹部微鼓，圈足，口沿下饰三角形纹，腹部饰三组饕餮纹，饕餮阔鼻，“臣”字形眼，上、下夹以弦纹，腹部以下饰菱形纹，圈足饰云纹及目纹。另一件绿色，直口平沿，方唇，微鼓腹，圈足，腹部有四道竖直扉棱，口沿下饰两周凸弦纹，腹部饰水波形雷纹，圈足上饰云纹和目纹。

324 如何认识西周玉器?

西周从公元前1046年周武王灭商起至公元前771年周幽王被申侯和犬戎所杀

商代妇好墓出土的玉簋

为止，大约经历275年。西周是我国奴隶社会发展到顶峰的一个朝代，也是一个礼制化的朝代，西周的礼制曾被孔子作为典范来歌颂。因此这时期的玉器受政治和礼制的影响而趋向于“道德化”、“宗教化”、“政治化”，并设立了管玉机构，实行分封制的用玉制度。

西周玉器以片形为主，圆雕很少。造型有几何形、动物形、人物形等，还出现了复杂的大型组佩。

325 西周玉器主要分为哪几类?

西周玉器大致可分为礼仪玉器和装

西周鸟纹玉璜

饰玉器两大类。礼仪玉器包括璧、琮、璜、戈、斧、锛、凿等；装饰品玉器包括串饰、配饰以及大型结构复杂的组佩，而动物玉佩、玉饰有牛、鹿、虎、兔、熊、马、羊、鱼、鸽、鸟、鹰、蚕、龟、蝉、贝、龙、凤、龙凤合体、兽面和饕餮等。西周玉器由于受当时严格的宗教礼制的影响，在种类、造型上等都没有超过商代。

326 西周玉器纹饰有何特点？

西周玉器的纹饰有了很大的进步，以写实的纹饰为主，有鸟纹、龙纹、兽纹、鹿纹、兔纹、象纹、鱼纹、蝉纹等等。而装饰性的纹饰，如云纹、雷纹，一般不受器形局限，可随意为之。

327 西周玉器的工艺特点是什么？

西周时期玉器所用的玉材十分复杂。玉琮及玉戈等用玉近似独山玉；玉佩多为和田玉，又以青玉为多，也有白玉作品；还有一些小玉件是由细石制成的。另外还有玛瑙、绿松石、水晶、岫玉、滑石、煤玉等。

西周青玉镂雕鸟纹嵌蠵

西周玉器日趋美观，其纹饰的布局渐趋合理，线条渐趋繁复，以略带弧形的线条为主，较多地使用长弧线，与商代相比，弯线条增多。并且西周玉器在继承殷商玉器双线勾勒技艺的同时，独创一面坡斜砣线或细砣线的琢玉技艺，这是西周玉器的典型做工。但从总体上看，西周玉器没有商代玉器活泼多样，显得有点呆板，过于规矩。这与西周严格的宗法、礼俗制度有直接的关系。

328 西周虢国墓出土有玉器吗？

西周虢国墓位于三门峡市区北面的

西周玉鸟纹琮

上村岭，是周代诸侯虢国国君及贵族墓地，整个墓区面积达4万平方米，共发掘出各类贵族墓234座，车马坑60多座，出土玉器达3000多件。其出土玉器之多，工艺之精，玉质之好，在周代考古中实属罕见，被誉为我国先秦时期的艺术珍品。如在2001号墓出土的一把铜柄铁剑的剑柄上发现镶有绿松石，这是迄今发现的最早的玉剑饰。

虢国墓出土铜柄铁剑

329 虢国墓出土的缀玉面罩有何特点？

这件缀玉面罩于1990年在西周虢国墓出土，最大径10.7厘米，青玉质，由前额、眉毛、眼、耳、鼻、嘴、腮、下颏、髭须等大小十三块各形玉片组成，各部位的特点明显，玉片上均有细小穿孔，推想原来曾在玉片之下衬以丝织物，加以缀联。此面罩是迄今所见最早的一例。

330 西周玉璜有何特点？

《周礼》中有“以玄璜礼北方”的记载，玉璜是西周时期最为常见的一种礼玉，同时也是一种佩饰。其形制一般为圆周的1／3，有个别1／2的，两端穿孔。按装饰情况来看，一般分为素面璜和纹饰璜两大类，其中有纹饰的玉璜数量较多。其上缘通常有凸起的扉棱，两端有穿孔。纹饰主要有夔龙纹、凤鸟纹等，凤鸟长颈、钩喙，后尾上冲，作回首状。另有鱼形璜、兽形璜、人面纹璜、双龙形璜等。

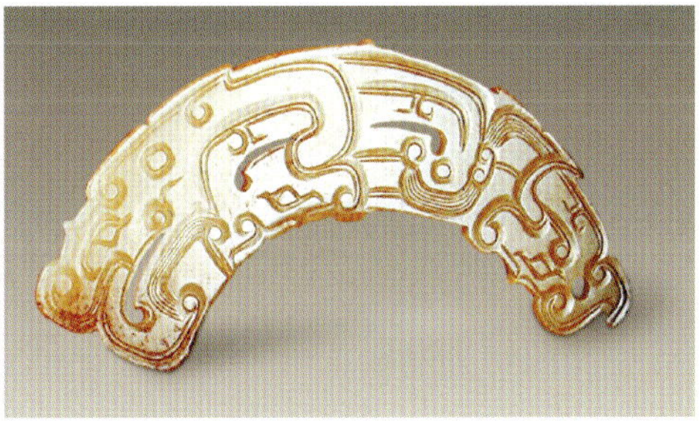

西周青玉虎纹璜

331 西周玉组佩有何特点？

西周时期的玉组佩以玉璜为主件，

配伍关系复杂，似无定制，玉件品种多样化，组玉串层次及长度均有所增加，最长者可过膝。

西周七璜联珠玉组佩

332 西周玉鹿有何特点？

西周时期的玉鹿多为浮雕，也有少量圆雕作品，并且有雌雄大小之分。墓葬中出土的玉鹿一般放置于墓主的胸部、腹部。

333 西周玉鱼有何特点？

玉鱼是西周最常见的动物形玉雕，几乎所有西周墓葬中都有出土。西周玉鱼均为片状，鱼身或直或弧，圆目张口，一般背上有一大鳍，腹下有两小鳍，尾分叉，口部穿孔，也有的在背部穿孔。

334 西周玉蚕有何特点？

西周玉蚕一般用于玉串饰和玉组佩之中，多为圆雕，蚕体多作钩形或弧形，首尾分节，5节至10节不等，以6节者最为常见。

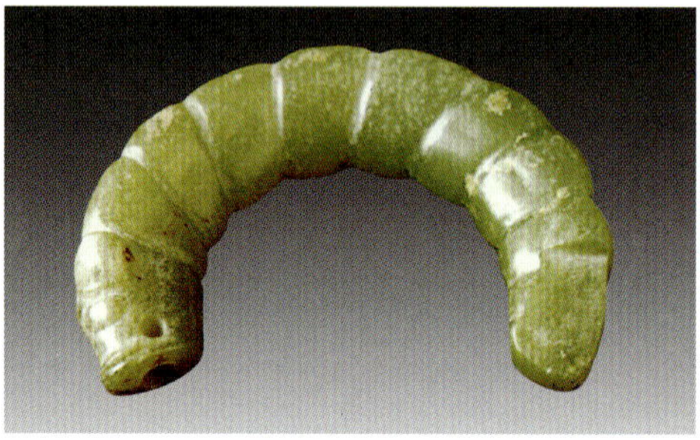

西周玉蚕

335 西周动物形玉雕的眼形有何特点？

西周动物形玉雕的眼形一部分在商代后期动物形玉雕的眼形的基础上发展而来，如矩形眼、菱形眼等称为“臣”字眼。一部分为西周时期新出现的眼形，如杏核眼、叶形眼、纹丝眼、束丝眼、椭圆眼、橄榄眼等。其中杏核眼为西周时期玉雕动物的主要眼形，因而有人将之作为鉴定西周玉器的重要标志之一。

336 西周玉串饰有何特点?

西周时期玉串饰的主要部件是各种材质的管、珠，有些配置很小的玉璜、玉戈、玉人及其他动物形玉雕，多作颈饰用，个别用作腕饰。

西周玉虎

337 西周玉人有何特点?

西周的玉人形象一般为人兽复合的造型，并且主要突出人体的形态，如甘肃灵台白草坡西周墓中发现的一件玉人，非常具有代表性。此玉人圆雕，白玉质，宽颊尖颏，盘发似蛇，饰虎头，双耳穿孔，双手捧腹，作裸体站立状，足呈铲形。

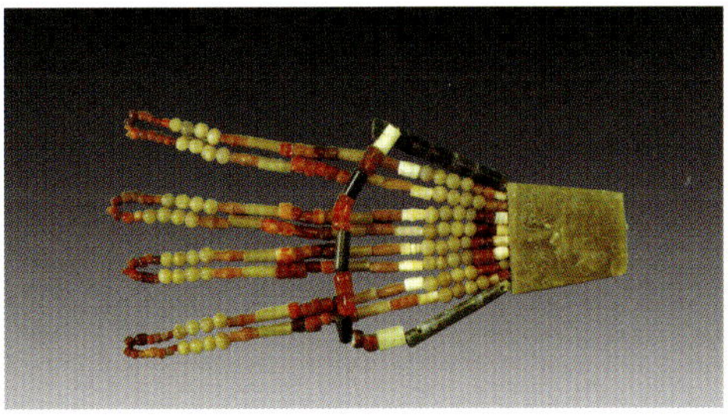

西周玉组佩

春秋、战国玉器

338 春秋、战国玉器的总体风格是什么?

春秋、战国玉器在中国玉器发展史中占有极为重要的位置。这时期，周室衰微，各诸侯都大力制造青铜器、玉器，为其“挟天子以令诸侯”的僭越活动作礼仪上的准备，因此这时期除东周王室玉器之外，还有春秋的郑、晋、齐、吴等以及战国的韩、魏、赵、鲁、楚、秦等诸侯国玉器，其数量之大，玉器之精美，远远超过了前代，成为中国古代玉器发展史上的一个高峰。

这些玉器，或细密婉约，或粗犷豪放。物主生前所用及佩戴玉器大多精致无比，令后人无法企及，这与使用铜铁砣及玉人操作更为熟练有关。统治者对玉器标准要求甚高，故推动玉人碾琢玉器的技艺不断精进。

339 春秋、战国时期玉器的玉材有哪些?

春秋时期玉器所用玉材以和田玉用量最大，玉质多为青玉，白玉较少。另外，岫玉、独山玉、密玉和酒泉玉也大量使

春秋、战国玉琮

用，多是各诸侯国就近取材。其他玉石品种还有玛瑙、绿松石、水晶等。

战国时期，和田玉也是主流玉材，其中多为青玉，有部分白玉，黄玉极少见。此外还有岫玉、密玉、独山玉、水晶、玛瑙、绿松石、滑石等，甚至还有光泽美丽的彩石。

340 春秋、战国的玉器纹饰有何特点?

春秋、战国玉器上的纹饰逐渐增多，有蒲纹、蚕纹、谷纹、蟠螭纹等纹饰，雕刻细密，抽象深奥，给人一种神秘感。

341 春秋、战国时期的玉器有何区别?

春秋时期和战国时期所处的历史时代有相似之处，社会动荡不安，但却是思想大解放时期。这种历史文化特点使得这两个时期的玉器有很多相似之处，

春秋晚期玉璜

通常都是将这两个时期的玉器结合在一起说。

然而，春秋、战国毕竟又有各自不同的时代特点，所以这两个时期的玉器在风格特点、工艺、装饰手法、神韵上又有自己的时代特点。春秋时期，在器形、图案和做工上仍保留着西周玉器的遗风，较之战国玉器则显得平静呆板、神气不足，但同时也为战国玉器的发展打下了牢固的基础。战国时期和春秋时期相比，思想更加开放，以人为本的思想逐渐占主导地位，整个社会充满活力；因而这时期的玉器通体灵透，生机勃勃，显示出蓬勃向上的豪迈气势。

342 春秋、战国时期玉器有哪些器形?

春秋、战国时期玉器的器形有玉璧、玉圭、玉琮、玉璋、玉琥、玉璜、玉琱、玉笏、玉篦、玉觿、玉觞、玉环、玉瑗、

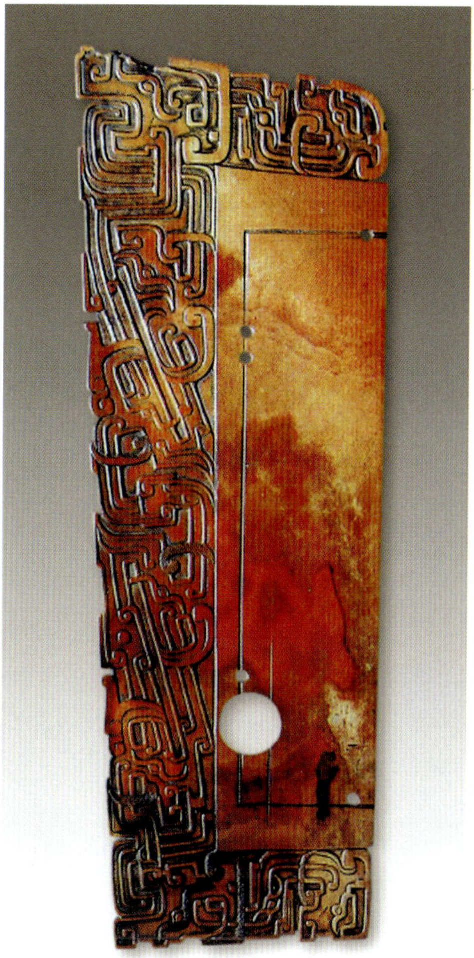

春秋玉刀

玉钺、玉戈、玉刀，还有玉制的长形器、龟形器、圆形器、角形器、组合祭器等。

343 春秋、战国礼仪玉器有何特点？

春秋、战国时期被称为“礼崩乐坏”的时期，因而这时期的礼仪玉器没有了西周严格的宗法礼制的束缚，祭天祀地的礼仪玉器数量减少了，而注重艺术造型和美学价值的装饰玉大为盛行，占了很大的比重。春秋时期礼仪玉器的品种有璧、琮、圭、戈、璋等。战国时期的礼仪玉器种类虽然较春秋时期丰富一点，一部分在保持传统工艺的基础上，还有所发展，如玉简册等；但有些礼仪玉器充当起佩饰的角色，体积较小，甚至成为组佩中的组件，如璧、琮、圭、璋等。

344 春秋玉器的工艺特点是什么？

春秋时期，铁制工具开始出现并迅速传播开来，从而促使玉雕工具和琢玉工

春秋玉璧

艺有了突飞猛进的发展，春秋时期玉器阴刻、阳刻、粗线、细线、单线、双线、直线、曲线等等雕刻刻痕清晰干净，线条流畅自然，遒劲有力。并且春秋时期玉器的钻孔大小完全一样，匀称光滑，极少见到残留的制作痕迹。此外，还创新出一

种新的工艺方法——掏雕工艺，如江苏吴县吴国窑藏玉器中的双系拱形饰。“游丝刻”也是春秋时期出现的一种新的刻线技法，到战国时期发展成为著名的“游丝毛雕”。春秋时期还出现了“硬刀刻”的技法，刻痕干净利落，被公认是“汉八刀”的直接源头。

345 春秋时的玉琮有何特点?

春秋时期的玉琮保留了西周的风格，一般内圆外方，有高有矮，有的素面无纹，有的有简单纹饰。

春秋玉琮

346 春秋时的玉璧有何特点?

春秋时期的玉璧，直径较小，又很薄，表面磨得很平，饰双阴线琢出的由兽面纹演化而来的勾连纹，似由许多小的侧面兽头组成。

347 春秋时的玉圭有何特点?

春秋时期的玉圭，一般呈长方条形，顶端有一尖锋的器物，一些圭的边缘从两

春秋玉璧

面磨陡，似有刃，还有的圭磨得平而薄，表面有阴线刻的近似“S”形的纹饰。这时期的玉圭从形制上看近似商周时期的玉戈，可能是由其演化而来的。

348 春秋时的玉璋有何特点?

春秋时的玉璋，或呈扁平条形，或端刃内作弧形，或首端呈斜角，或上、下端皆微作斜角等等。

349 春秋时的玉人有何特点?

春秋时期玉人现存世的不多，所发现的玉人脸形接近西周风格，但发式却有很大的变化，身上的纹饰也有很大的不同。如河南光山县春秋早期墓葬中出土的一件人首蛇身玉佩，器体呈扁平体，首尾

相接作环形，人首五官清晰，“臣”字形眼，蒜头鼻，翘嘴髻发，蛇身蜷曲，遍体饰蟠虺纹，刻画相当细致入微。

春秋玉人

350 战国时期玉器在工艺上有何特点？

战国玉器一改春秋时期的风格，线条清晰利落，棱角刚劲明确。镂雕技法普遍使用，工艺更加精湛，炉火纯青，出现了“活链环”玉器。战国时期，镶嵌技术进一步提高，除普遍使用于剑、带钩、车马器等小件器物上外，在鼎、壶、敦、尊等大型铜礼器上也有应用，使器物显得更加庄严、雅洁、富丽堂皇。由于铁质工具的应用，春秋时期出现的“游丝刻”到战国时期得到升华而成为“游丝毛雕”。

351 战国时的玉璧有何特点？

战国时期的玉璧，种类较多，纹饰较复杂，有谷纹璧、蒲纹璧、小勾云纹璧、孔内带有异兽的璧、轮廓之外饰有鸟纹的璧、双身龙纹与谷纹相结合的璧等种类。

战国龙凤纹玉璧

352 战国时的玉琮有何特点？

战国时期的玉琮多光素无纹，有些

战国双凤纹玉璧

器形变小，成为玉组佩的一种组件。如湖北随县擂鼓墩曾侯乙墓出土的一件刻纹玉琮，宽6厘米，高5.4厘米，四面琢有阴线的兽面纹。它可能已不再是礼器，而只是一般的饰件。

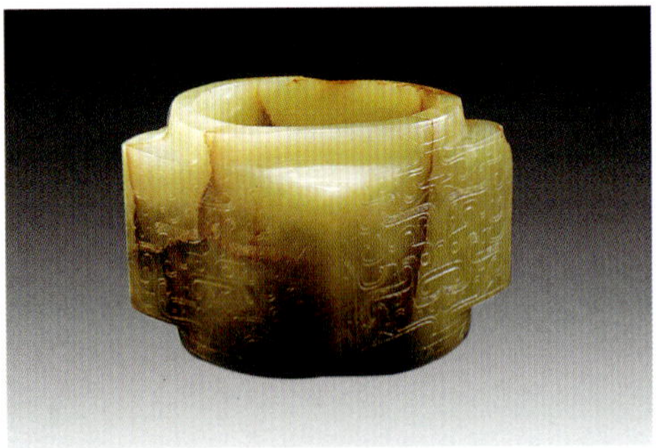

战国玉琮

353 战国时的玉人有何特点?

战国时期的玉人，一般呈扁平状，

战国双联舞人佩

浮雕，小巧玲珑，多作配饰。这时期还出现了一种新的品种，即玉雕舞蹈人佩，形象有单人和双人的，较为写实。如洛阳金村韩墓出土的玉雕舞女佩饰，上部用小玉管排列成T形，下方的玉管之下悬垂一对玉雕舞伎，额发为半月形，两鬓卷曲，长裙，宽袖外又套窄袖，斜裙绕襟，腰系宽带，尾部垂下，两舞伎各用左右手上举互接，翩翩起舞，造型对称中显示出活泼优美。

354 战国玉璜有何特点?

玉璜是在战国时期主要用作佩饰，多为成组佩玉中的中间部分，璜下另垂挂其他玉件，常见的有谷纹璜、蒲纹璜、双龙首璜、素璜、镂雕璜等种类。

战国夔龙连体璜

355 战国玉带钩有何特点?

战国时期的玉带钩，虽然形式多有变化，但钩体都作S形。其形式有点像螳螂之腹，钩短，作龙首或鸟首形，下有圆纽；腹作方形，钩短作兽首形，下方有方纽；身短钩长；身长方形，钩短，纽方形；腹宽有一短钩，背有纽；体作圆形，细长颈，短钩，下有圆纽；体作动物形；体作琵琶形。

战国带钩钩首多为螭首形，也有龙首、兽首等。钩身多为光素，也有的正面装饰有勾云纹、谷纹、弦纹、S形纹等。

战国包金嵌玉银带钩

356 战国时期出廓璧有何特点？

出廓璧是战国时期的独特品种，是

战国卷云纹立凤出廓璧

战国时期玉璧中的精品。出廓璧做工精致，雕工细腻，边缘多有对称镂空龙凤纹，大多作为佩饰，体形较大的也可作为陈设品。汉代继承了这种形制，但制作得更为精细，又将其称为“拱璧”。

汉代玉器

357 汉代玉器的总体风格是什么？

秦朝是我国第一个封建制统一国家，但只存在了15年，流传下来的具有明确纪年的文物很少，玉器就更少了，仅有零星出土，并且与战国玉器区别不大，也未见代表性之作品。因此现代人对秦代玉器的整体风格没有清晰的认识。

两汉时期，国力强盛，社会稳定；因此这时期的玉器向世俗化发展，日用玉器、装饰玉器、丧葬玉器品种增多，加工工艺也日益精湛。这从已发现的汉代墓葬中出土的大量制作精美的玉器中得到了表现，如河北满城西汉中山靖王刘胜与妻子窦绾的墓中，各出土了一件金缕玉衣，每件玉衣均由两千多块玉片用金丝穿缀而成，窦绾墓还出土一具由192块玉板镶嵌而成的镶玉漆棺。此外，还有大量制作精美的玉璧、玉圭、玉佩、玉带钩、玉人等，艺术价值极高，是西汉早期玉器的代表。广州南越王墓出土的玉器数量众多，无不精雕细琢，尤其以造型奇特的玉角形杯和具有浓厚战国余韵的镂空龙凤玉套环最具特色。此外，陕西咸阳西汉帝陵附近出土的玉仙人奔马、玉辟邪，北京大葆台汉墓出土的风姿绰约的玉舞人等，都是极为罕见的艺术瑰宝。

358 汉代玉器纹饰有何特点？

汉代玉器的纹饰，在继承前代的基础上，有了很大的进步变化，尤其是在立体化的动物纹方面，并且还产生高低不等的浮雕动物纹饰。这种立体化的风潮在汉代达到了巅峰状态。此外，乳丁纹成为风格简洁的独立纹样，这也是汉代玉器纹饰的特色之一。

西汉龙形玉佩

359 汉代玉器所用的玉材有哪些？

汉代玉器所用的玉材以新疆和田玉为主。和田玉中主要包括白玉、青玉、碧玉、墨玉、黄玉等，其中的白玉成为玉中上品。其他所用玉石还有岫玉、独山玉、酒泉玉、玛瑙、水晶、滑石、琥珀、绿松石等。

东汉“宜子孙”出廓璧

汉代和田玉所琢的玉器的玉色主要有羊脂白色、乳白色、青白色、青色、绿色、黑色、黄色等，所用其他玉石制成玉器的玉色有月白色、浅白色、鹅黄色、天蓝色、绛红色、黄绿色等。大型玉璧多用水苍玉，灰绿色而有饭糁；廓外带有装饰的系璧，多用青玉；佩饰、剑饰、玉玦、翁仲则以白玉为多。汉代的青玉、白玉作品多有苍旧之色。

360 汉代常见的玉器器形有哪些？

汉代玉器的基本器形主要有几何形、人物形、动物形几类。玉璧、玉环、玉管、玉圭等都属于几何形，而人物形以玉舞人、玉仙人、玉仕女等在玉佩中较多出现。动物形包括玉鹰、玉熊、玉辟邪、玉猪、玉蝉等，常见。

汉青白玉辟邪

在汉代玉器中，玉璧、玉圭等礼仪玉器的装饰性占据主导地位，玉璋、玉琮等基本绝迹，用于敛葬的葬玉数量增加，出现了玉衣、九窍塞等。汉代，战国时期盛行的组佩基本已经消失了，而前代所没有的玉刚卯、司南佩、鸡心佩等新创器形广为流传。并且在题材上出现神仙题材，出现了玉仙人玉雕。

361 汉代玉器的工艺特点是什么？

在汉代玉器中，圆雕、高浮雕、透雕玉器和镶玉器物增多。战国时期的游丝毛雕在汉代得到大力发展，并在此基础上发展而成的“游丝宽坡线”，是汉代又一新创的线形。此外汉代玉器地子的处理技法可谓空前绝后，其精美划一、平整如镜的“阳纹地平”令人惊叹。同时汉代玉器表面抛光的技术也达到了很高的水平，当时可能出现了布轮和砂轮等先进的打磨工具。

西汉龙形玉带钩

362 汉代装饰玉有何特点？

汉代的装饰玉以佩饰最多，各种形制的单件佩饰，如带饰、剑饰、玺印等在汉代玉雕中占有很大比重，上层社会佩玉成风。然而这时期没有流行玉组佩。

363 汉代玉镇有何特点?

商周以来的人多席地而坐，或坐于有席子的坐榻上。镇用来压席角。汉代玉镇的使用更为普及。圆雕，异兽形，以卧伏或屈腿者多见，如天马玉镇、辟邪玉镇等等。

西汉虎头玉璜

364 汉代玉带钩有何特点?

玉带钩是汉代玉器中常见的一种器物，有长钩、短钩、琵琶肚、扁担腰、方头、圆头等多种形式，基本承袭了战国带钩的形制。钩纽一般为圆形或椭圆形。汉代玉带钩琢磨细致，钩首多作兽首形，也有鸟首形、螭首形的等等，钩身常施以云纹，也有光素无纹的。

365 汉代玉剑饰有何特点?

汉代的玉剑饰有四种，包括剑首饰玉、剑格饰玉、剑珌饰玉、剑鞘饰玉，各有其特点。汉代的剑首饰玉多为圆形、方

西汉仙人奔马玉镇

形两种。而其中圆形的最常见，为圆片状，中部凸起圆形球面，圆凸的四周或饰谷纹，或凸雕螭纹；方形的上宽下窄，近似梯形，中部微隆起，其上有兽面纹或云纹。汉代的剑格饰玉，一般较薄，侧看为长条形，饰有兽面纹。汉代的剑珌饰玉一般为方形，下端略宽，中端凸起，两侧薄似有刃，饰有山形纹或兽面纹等。汉代的剑鞘饰玉呈长条形，片状，两端下弯，背面有一个方形的仓，仓的侧面有透孔，其上饰有螭纹、勾云纹等。

366 汉代葬玉有何特点?

汉代的葬玉主要包括玉衣、口琀、玉握、九窍塞、玉枕、玄璧和镶玉棺。葬玉在汉代玉器中占有很大的比例。两汉时期，葬玉之风达到顶峰，出现了玉衣裹尸和防止人体精气、腐液外泄的成套九孔玉塞，即九窍塞。

367 我国发现最早的金缕玉衣有何特点？

1986年发掘的河北满城中山靖王刘胜、窦绾夫妇墓中有两套金缕玉衣，是我国发现最早的金缕玉衣。而影响最大的是刘胜的金缕玉衣，玉衣全长1.88米，用玉片2498片，耗用金丝1100克。窦绾玉衣全长1.72米，用玉2160片，所用金丝799克。这两件玉衣的用材选料、造型技巧、琢磨工艺及总体规格均为帝王丧葬的标准，空前绝后。

汉黄玉“长乐”螭虎出廓璧

368 汉代玉璧有何特点？

与战国时期的玉璧相比，汉代玉璧的器形增大加厚，有的直径甚至超过50厘米。其纹饰仍以谷纹、蒲纹、龙凤纹为主，但略有变化，比如汉代玉璧上的谷纹、蒲纹的颗粒变得大而稀疏，并且组合纹饰更为流行，两组或三组纹样装饰的玉璧相当普遍。饰以吉祥内容的文字，也是汉代玉璧的特色之一。但是到了东汉后期，玉璧少见，零星所见以素面居多。

369 汉代玉璜有何特点？

玉璜在汉代呈现出衰落之势，西汉初年的作品尚有一定数量的发现，中期以后的少见。西汉玉璜大多为扁平弧形，两端刻为兽头形，璜面刻流云纹或减地谷纹，形制古朴，颇有战国遗韵。

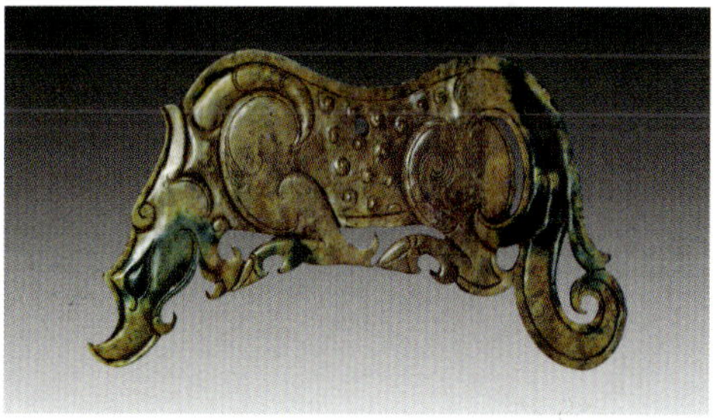

西汉犀牛形玉璜

370 汉代玉圭有何特点？

汉代的玉圭数量不多，大多为尖首

圭，形体较小，长度从数厘米到20厘米不等。作为祭祀用礼器的作用减弱了，更多具有的是敛葬意义。

西汉玉圭

西汉玉舞人

371 汉代玉辟邪有何特点?

辟邪是一种想象中的动物，汉代玉辟邪一般为小头、张口、凸眼、短肢，有翅。这种玉辟邪多作玉镇，用来压席子。有些内空，可贮水，或为砚滴等文具。目前发现的汉代玉辟邪，只有寥寥几件。

372 汉代玉舞人有何特点?

汉代玉舞人有两种：一种为扁平状镂雕，以细阴线表现人物衣饰、体态、五官轮廓、面部表情，线条简单，却往往细致入微。另一种为圆雕玉舞人，其形象更加生动，衣服褶皱、发型、舞姿均可看出古人舞蹈的飘逸、灵动。

魏晋南北朝玉器

373 魏晋南北朝玉器有何特点?

魏晋南北朝时期，是高度发达的汉

唐玉雕间的一个低潮，出土玉器极少，精品更少。究其原因有四：其一，社会动荡不安，战乱纷起；其二，魏文帝下令禁止使用玉衣，禁止厚葬，葬玉制做自此一落千丈；其三，当时崇尚虚无的玄学，佛教和道教在南北朝时期与儒教分庭抗礼，儒家赋予玉那种道德内涵和礼制观念彻底瓦解，礼玉几乎绝迹了，但是出现了佛像等宗教题材的玉雕；其四，在神仙思想和道教炼丹术的影响下，当时不爱好琢玉，而盛行吃玉，早期玉器的美术价值和礼仪观念，这时消失殆尽。

南北朝白玉立佛

魏晋南北朝玉器的风格特点为简单，做工不够精细，用途简化，装饰简化。礼仪用玉几乎不见，偶尔所见琮璧礼玉，或是前代旧玉，或是模仿，没有创新。葬玉仅存有玉握、玉琀等小件的殉葬品，做工也显得简略朴素，精工者极少。而日常用品和观赏类、装饰类玉器却增多了，并且还有所创新。这表明，中国古代玉器已由高度发达的、处于巅峰地位的两汉玉器，渐渐滑落低谷，同时又出现了向新功能、新领域转化的萌芽。

374 魏晋南北朝时期玉器所用玉材有哪些？

魏晋南北朝时期，和田玉的数量减少了，只有少量的白玉、青玉等。其他玉石材料有玛瑙、琥珀、滑石、绿松石、青金

南北朝玉辟邪

南北朝白玉螭纹璧

石等。此外滑石品增多，还出现了许多较为美丽的石制品，可见当时玉料之不足。

375 魏晋南北朝时期玉器工艺特点是什么?

魏晋南北朝基本上继承了汉代玉器的制作工艺，出现了一种新的线纹——粗阴线，中间粗直，收笔细尖，线纹走向非常明显，是由汉代的游丝毛雕发展而来，后来成为唐代玉器的主体装饰线纹。

北齐凤纹珩

魏晋南北朝时期礼仪玉器、丧葬玉器极少，而装饰玉器和日用玉器却有所增多和创新，有着鲜明的时代特点。此外，还有少数佛教题材的玉器造型，如用和田玉制作的玉佛等。

376 魏晋南北朝玉璧有何特点?

魏晋南北朝时期，为玉器发展史上的又一低潮期，出土玉璧及传世玉璧均不多。当时制作的玉璧形制主要是继承东汉遗风，传世器中有一些一面是谷纹、一面是云螭纹的璧，所雕螭纹和东汉相近似，但从整体风格上看更加趋向柔美。其螭纹多作穿云状，眼形是倒挂眉和倒挂眼形；躯体挺胸凸肚、臀部上耸，整个姿态非常雄健。躯体上常出现很细小的“圆点纹”，此纹饰仅在精品器物上出现。

魏晋南北朝鸡心佩

377 魏晋南北朝佩饰有何特点？

魏晋南北朝时期，玉珩多为扁平形，作云头状或如意头状。

汉代的心形佩是从玉韘发展而来，魏晋南北朝时进一步演变为鸡心佩，一般呈片状，圆角长方形，中有一椭圆形孔，边壁多透雕蟠螭纹或龙纹。

378 魏晋南北朝玉雕动物有何特点？

此时期玉雕动物常见的有玉猪和玉蝉，其风格趋向写实而又简括。较之汉代，这些动物形玉雕也有些变化，如玉猪的头部更加形象，身体变得细弱，通常为10厘米左右；玉蝉形体较大。此外还有辟邪、瑞兽、卧羊等寓意吉祥的动物形玉雕。

379 魏晋南北朝玉带饰有何特点？

魏晋时期的玉带饰大致有两类，一类为带扣，一类为带钩。玉带钩绝大多数追随汉代式样，出土数量和品种少，大多无纹饰。魏晋南北朝时期的玉带钩器形一般较小，钩首多作龙首形，钩身变厚、变宽。

380 魏晋南北朝玉剑饰有何特点？

魏晋南北朝时期的玉剑饰呈现衰落趋势，剑饰范围更小，数量也较少。从考古发现的实物来看，魏晋南北朝时期仅见剑首等零星饰玉，如辽宁省北票市北燕冯素弗墓出土的玉剑饰只有玉剑首，此玉剑首表面凸起，有多层次镂雕而成的云水纹。

唐五代十国玉器

381 如何认识唐代玉器？

隋代统一时间很短，传世玉器数量不多，但很有特色。

唐代是我国封建社会的高峰时期，社会相对稳定，经济繁荣，对外交流

隋代金扣玉盏

唐代青玉人骑象

贸易往来频繁，是当时世界上最为强大的国家之一。唐代形成了辉煌灿烂、举世瞩目的唐文化，在文化艺术方面取得了空前成就。在此社会背景下，中国古代玉器的发展也出现了新的高峰。唐代玉器在中国古代玉器史上具有承前启后的作用，是在传统的基础上发展的，由汉代玉器的延续，经过魏晋南北朝的孕育，同时吸收中亚、西亚等外来文化的精华，逐步形成了自己独特的艺术风格，开一代玉雕之新风，对后世玉器的发展产生了重要的影响。因此现存的唐代玉器可以说“件件是精品”。

唐代莲花纹玉杯

382 唐代玉器有何特点？

唐代玉器承前启后，又融合了中外文化艺术的特点，更善于弃旧存新，因而当时的玉器雕刻博大清新，华丽丰满，显示出健康饱满、蓬勃向上的时代风貌。这时期的玉器纹饰造型多取材于人物、动物、花鸟、树木等，而人物、动物的雕琢更注重表现其精神世界。植物纹多表现花草树木和瓜果，写实性很强，这是在唐代首次出现。同时，受佛教文化的影响，出现了著名的玉飞天，也出现了和佛教有关的莲瓣纹、吉祥草等纹饰。但这时期流传

唐代白玉雕马头饰件

下来的玉器特别少，可能与当时金银器制作的增多有关。

383 唐代玉器的工艺特点是什么？

唐代经济繁荣，治玉工具基本齐全，制作工艺日趋成熟。唐代玉器吸收当时的金银细工、雕塑与绘画手法，这时期的玉器多为片状，采用传统的减地浮雕、镂雕与圆雕，大量使用阴刻线。阴线纹的特点是，简练遒劲，刀法娴熟，直线与曲线共用。出现于魏晋南北朝时期的粗阴线，成为唐代玉器中最典型线条。

384 唐代玉器的主要品种有哪些？

隋唐五代十国时期玉器所用玉材以和田白玉为主，也有一部分青玉，其他玉石材料有宽甸玉、玛瑙、水晶、绿松石、大理石、汉白玉、东陵石等。

传统的礼仪玉器和丧葬玉器在唐代基本消失了，这时期占重要地位的是装饰性玉器、观赏性玉器、日用玉器，佛教题材的玉器也得到了发展。装饰性玉器包括玉带板、玉镯、玉簪、动物形佩饰等。观赏性玉器包括玉人、玉兽、玉鸟等。日用玉器则有玉杯、玉碗等生活用具和玉砚、玉笔筒等文房用具，另外还有许多玉册。佛教题材的玉器包括玉菩萨、玉法轮、玉飞天、玉摩羯等。

385 唐代玉器纹饰有何特点？

唐代玉器的纹饰借鉴了当时绘画中的线描手法，开始出现了缠枝花卉、葵花图案、人物飞天、花鸟纹等。唐代由于与西亚等地联系加大，因而在玉器纹饰上也融入了浓郁的西亚风味。如胡人进宝、胡人伎乐等西亚题材图案出现于玉带板就是一个重要例证。

386 唐代玉璧有何特点？

玉璧在唐代已不再作为礼仪玉器，并且数量较少，但是很有特色。存世的唐代玉璧一般饰花卉纹，纹中的花叶上刻有排列整齐的短小阴刻线，为典型的唐代玉璧风格。龙纹也是唐代玉璧上的主要纹

唐代云龙纹玉璧

饰，龙身遍饰鳞纹，龙的嘴巴特别长，嘴角超出眼角，上颚翘起，腿部特别长，三趾，蛇形尾。唐代还有一种玉璧，两面饰纹：一面为谷纹或蒲纹，细小柔和；另一面为兽面纹或蟠螭纹，非常有特点。

387 唐代玉人有何特点?

唐代玉人所表现一般为伎乐人，多持乐器，另有进宝等造型，其形象有飞天、胡人，此外还有神仙、佛像、乐人、童子、仕女等。从流传下来的人物玉雕来看，唐代玉人动感十足，雕刻的线条简练，造型真实自然，胡人玉雕充满异域风情。

唐代玉飞天

388 唐代玉飞天有何特点?

唐代玉飞天是唐代人物玉雕的典型代表，制作精美，一般为佩饰，形体较小。飞天形象通常体态丰腴，上体裸露或穿紧身衣服，胸挂璎珞，肩披飘带，下身着紧贴于腿股的长裙，祥云托起，或手持莲花，飞舞天空。唐代的玉飞天一般呈片形，镂雕，线条粗犷，刀法简洁有力。

389 唐代玉带板有何特点?

唐代以玉带入官服来表示官阶的高低，因此当时銙带制度是极严格的，以玉銙为最高贵。《新唐书·车服志》载："以紫为三品之服，金玉带銙十三；绯为四品之服，金带銙十一；浅绯为五品之服，金带銙十；深绿为六品之服，浅绿为七品之服，皆银带銙九；深青为八品之服，浅青为九品之服，皆瑜石带，銙八；黄为流外官及庶人之服，铜铁带銙七。"

唐代玉带板，玉銙形体较厚，有方形、长方形、半月形、鸡心形（又称桃形）等式样，多装饰有浮雕图案，以西域胡人形象的纹饰最具特色。有的带板还镶以金边，或以玉为缘，内嵌珍珠及红、绿、蓝三色宝石。唐代玉带一般根据带板的数目来称带，如"十三銙带"。

图262　唐代胡人伎乐玉带板

390 唐代玉佩有何特点?

唐代玉佩的规模和样式虽不及前代，其佩戴也不及前代严格，但唐代的玉佩多以现实生活为题材，并且结合当时绘画的风格，有新的发展，因此唐代玉佩更加世俗化、大众化。唐诗中多有提及。如权德舆的《赠友人》：“知向巫山逢日暮，轻袪玉佩暂淹留。”徐凝的《七夕》：“一道鹊桥横渺渺，千声玉佩过玲

唐镂雕对鹤衔绶带流云佩

玲。”皇甫曾《早朝日寄所知》：“炉烟乍起开仙仗，玉佩才成引上公。”等等。

391 唐代人物佩有何特点?

唐代的人物佩多以胡人、飞天、佛像、神仙、童子、仕女等为表现题材，通常为扁平片状，线条刻画简练，人物服饰多趋向写实，能反映当时人们的服饰特点。

392 唐代动物佩有何特点?

唐代动物佩品种繁多，以龙、马、象和骆驼题材最为多见，也有禽类动物，如孔雀、鹤等。动物造型写实，线条刻画平直，整体表现出粗犷洒脱、简练传神的风格。

393 唐代植物佩有何特点?

唐代植物佩中写实的花卉、瓜果、枝蔓等题材的玉佩占了很大比例。这些玉佩中，有的以花卉和瓜果综合其他图案，有的以一种独立的植物为纹饰，常见的有莲花佩、梅花佩、牡丹佩、玉兰佩、葫芦佩、蟠桃佩、牡丹佩、石榴佩等，并且被赋予了特殊的吉祥含义，成为后来玉器制作中的常见题材。

394 唐代玉发具有何特点?

唐代是女性得到大解放的时代，女性地位得到大大提高，因此这时期属于女性装饰、化妆的玉发具十分流行。其中以

唐代白玉牡丹纹梳背

梳、簪、钗最为多见，并且很有特点，比如唐代玉梳，非常独特，非常美观，多弧背，呈半月形，梳齿疏密得当，通常雕以大叶花纹或鸟纹。唐代张萱《捣练图》中便有以梳篦饰发的女子。

395 唐代玉步摇有何特点？

玉步摇是唐代妇女最主要的头饰之一。白居易《长恨歌》中有“云鬓花颜金步摇”的诗句，可见当时步摇的使用情况。唐代玉步摇雕琢细致，纹饰精美，多以黄金曲成龙凤等形，然后在上面缀以珠玉或玉片，花式繁多，晶莹闪耀，与钗钿相混杂，簪于发上，非常华贵。

396 唐代玉杯有何特点？

唐代玉杯的形制多样，既受古代器皿造型的影响，又有当时自身所具有的时代特点。有云纹杯、莲瓣纹杯、人物纹杯、单耳瓜棱杯、羽觞、角形杯等，这些玉杯无不选料优良，琢磨精细。当时人们比较注重实用，因此这时期的玉杯多为简约器形，器壁轻薄。

唐代白玉人物纹碗

397 唐代玉碗有何特点？

唐代玉碗简洁、素雅，玉质多以白、青、碧玉为主，碗口通常外侈，圈足规整，器壁较薄，多为成套制作。唐代金镶玉的工艺技术非常成熟，因此出现了一种镶金玉碗，非常富丽堂皇。

398 唐代玉册有何特点？

玉册在唐代是一种非常重要的礼仪

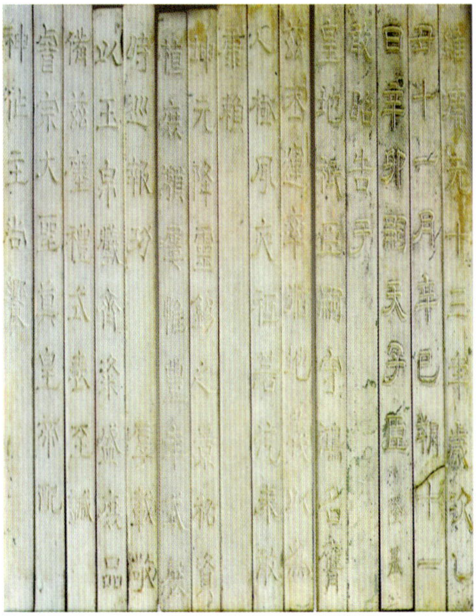

唐代封禅玉册

玉器，有封禅玉册和玉哀册。封禅玉册是帝王在泰山进行封禅仪式时所用的。举行仪式时，将祷告天地、祭祀山川神灵的文字刻在玉板上。在封禅活动结束后，将玉册埋藏。上图的玉册呈简牍状，多五简为一排，以银丝连贯，册文作隶书。玉哀册是帝王下葬时的最后一篇悼文，是称颂帝王功绩的文辞。古代帝王死后，于葬日举行“遣尊”之礼时，要宣读祭文，并将它刻于玉片上，缀连成简册，埋入陵墓内。玉哀册呈扁平片状，但均较宽长，表面磨平，正面刻楷书文字，字内填金，背后顺序编号。

宋辽金元玉器

399 唐宋以来新的玉器纹饰有哪些？

唐宋以来新的玉器纹饰可归纳为以下三部分：

（1）富有吉祥意味的几何形装饰纹样，如田字纹、如意纹、双钱纹、山字纹、工字纹、结纹（今人称之为中国结）等。

（2）在传统的基础上新创作的动物纹样，如海马、海龙、海鹿、海犀、大象、狻猊、蝴蝶、蝈蝈及各种昆虫等。

（3）花卉枝蔓瓜果藤叶纹样，这些纹样涉及的植物品种有芍药、蔷薇、葡萄、玉兰、海棠、莲花、萱草、牡丹、竹叶、芭蕉、梅花、兰花、菱花、灵芝、荷藕、月季、百合花、喇叭花、忍冬花、曼陀罗、西番莲等。

宋莲瓣形发冠

400 真正的仿古玉器从何时开始出现？

宋朝分为北宋和南宋两个阶段，总共存在了三百余年。北宋时期，国家统一，经济繁荣，加上书画俱佳的宋徽宗对玉也偏爱，因此玉雕行业得到了空前

宋仿古三螭杯

宋白玉“孔雀穿花”佩

发展，甚至出现了玉雕市场、玉器店。这时期的玉器不再只为达官贵人和文人雅士赏玩，而是深入民间，更加趋向市民化、世俗化，带有吉祥、避邪、宗教色彩和实用、摆设的玉器大量出现。同时，宋代出土古玉增多，滋长了仿制古玉之风，大量的仿商、周、战国、西汉的玉雕出现并走向市场，可以说真正意义上的仿古玉应是从宋代开始出现的。

宋代仿古玉器，雕琢圆润，制作精美，尤其是复古的“歧出”，如仿弧形，其圆形的线条上歧出一些长短一致的短线，这是今天鉴别宋代仿古玉的依据。

401 宋代玉器有何特点?

宋代玉器分为装饰类和实用类玉器两种。雕琢写实细腻，造型灵巧，以写实与世俗化风格为主，题材多为现实中的人物、动物和植物，在形制和纹饰上讲求对称均衡，比例协调，明显地受到了宋代绘画艺术的影响。

402 宋代玉器所用的玉材有哪些?

宋代玉器大量使用新疆和田白玉和黄玉、墨玉、青玉。此外宋代玉器中还可以零星地见到青海玉、水晶、绿松石及独山玉作品。然而黄玉颜色较暗，似含绿色；青海玉色泽与和田玉相似，硬度低于和田玉，但透明度高于和田玉；宋代独山玉作品仅见北京故宫博物院收藏的玉尊、玉簋，玉质不甚温润。宋代玛瑙器大量出现，所用玛瑙品种也较多。

宋代玉器以白玉居多，但不少出土的白玉器变为红橙色，俗称“宋玉红”。

403 宋代玉器纹饰有何特点?

宋代玉器向世俗化发展，日用玉器越来越多，因此宋代玉器的纹饰也极为丰富多彩，几乎自然界常见的事物和传说中的神灵都有。有云纹，松、竹、梅、梧桐、水草、芦苇、牡丹、荷叶、莲花、桃、石榴、荔枝、灵芝等植物纹，虎、鹿、羊、狗、兔、鸭、鹅、鹦鹉、鸳鸯、天鹅、鹤、龟、鱼、蝴蝶等动物纹，龙、螭、凤、辟邪、四不像、神兽等神灵动物。

宋代白玉执荷童子

404 宋代玉器的工艺特点是什么?

宋代玉器的制作工艺在唐代玉器的基础上有新的发展，镂雕是其主要的表现技法，这时期镂雕玉器的种类繁多，数量浩大。宋代玉工使用了管壁极薄的管形钻，用于镂雕，镂雕手法和管钻工艺充分结合。因此宋代的镂雕工艺刀工细腻，构图精致，层次清晰，俗称“宋作工”。此外宋代的圆雕作品也极具特色，形态非常逼真。同时宋代仿古玉器盛行，巧作工艺和宋代独特的留皮工艺巧妙地用于宋代仿古玉器中。

405 宋代礼仪玉器有何特点?

虽然传统的礼仪玉器在宋代已经趋向消亡，但是仍有部分用于各种礼仪活动，比如苍璧、黄琮、玄圭、玉册、玉磬

宋代玉璧

宋青玉龙柄玉杯

北宋青玉镂空竹枝佩

等，并且各有特点。

宋代苍璧用于祈谷明堂之举。祈谷是帝王祭祀谷神，祈祷丰收的典礼，使用玉璧是表示对上天的敬意。除苍璧外，宋代玉璧也有其他类型。宋代玉璧一般多仿汉代的形制，但在雕刻刀法上又有所不同，也有一些传世玉璧带有明显的宋代风格特点。宋代玉圭多为玄圭，主要用于祭祀圜丘与方泽。宋代玉册简长1尺2寸，宽1.2寸，其上刻文而涂金，是一种很重要的礼仪玉器。据《宋史》记载，宋代玉磬用于礼乐活动中。

406 宋代玉酒具有何特点?

宋代玉酒具种类繁多，造型多样，不同于前代以稳定几何形为主的造型风格，出现了以圆雕玉人、玉兽等为造型的玉酒具。宋代玉酒具中以玉杯的数量最大，也最具特点。这时的玉杯有仿古的，也有属于本时代风格特点的，这种玉杯在继承唐代玉杯的写实传统上，不再局限于青铜器造型，同时又吸收宋代瓷制酒具的特点，自成风格，大大推动了后世酒具造型的发展。

407 宋代玉佩有何特点?

宋代玉佩品种极多，形式多样，主要有鱼、花、鸟、兽、人物纹等玉佩，而属古代传统玉佩的玉璜、玉珩、玉冲牙等已不再流行。其中，最能反映宋代玉佩水平的要属鸟形玉佩和花形玉佩。比如鸟形玉佩：宋代鸟形玉佩主要有绶带佩、双鹤佩、凤佩等几种典型类型，雕工精细，形态优美。宋代的花形玉佩传世品较多，多为圆雕作品，也有镂雕雕花玉片。

408 宋代玉带饰有何特点?

宋玉螭虎带饰

传世玉器中发现的宋代玉带饰主要有带板、带钩、束带、提携、带扣等。其中玉带板的形制基本继承了唐代玉带板，纹饰以花鸟纹为多，而人物纹饰中的人物形象取材广泛，更加世俗化。宋代玉带钩较多，且多为仿古作品；但也有一部分应时作品，如蟠螭带钩。这时的螭纹带钩较元、明作品要窄小精致，钩头或为兽首，或为鸟首，钩头与钩腹间距较小，腹部凸雕螭纹；鱼形带钩，钩头为兽首，钩腹为鱼形，鱼无鳞，小圆坑眼，身侧有一道细明线，鱼尾分向两侧，为典型宋代玉鱼。宋代玉束带多为长方形、椭圆形、花形、荷叶形等样式，纹饰有龙纹、鹅纹、虎纹、花瓣纹等。

宋玉荷瓶童子

409 宋代玉童子有何特点?

宋代玉童子多作坠饰，其造型多仿唐代，以执荷童子形象最为常见。这种玉雕中的童子发髻发绺多在头顶，后脑大，五官集中，身着短上衣，或罩小马甲，手握拳与袖平齐，下着肥腿裤，露脚踝，以阴线刻鞋，持荷叶站立，形态生动。

辽青白玉组佩

410 辽代玉器总体风格有何特点?

辽金时期，玉器以白玉、青玉为主，玛瑙、水晶等制品也大量出现。

辽代（916—1125）定都南京（今北京），与北宋对峙，雄踞我国北方，最终为金所灭。在与内地的长期交往中，辽代一方面用宋朝玉工为其琢玉，另一方面直接从北宋进口玉器，因此考古发现的辽代独制的玉器较少。其玉器种类主要有玉飞

辽白玉镂空飞天

图278　金代玉带

天、玉带饰、玉水盂、玉盒、玉砚、象生玉器、玉佩及一些水晶、玛瑙、琥珀制品。

411 辽代玉器在工艺上有何特点?

辽代玉器以圆雕为主，透雕、镂雕相对较少，浅浮雕、俏色等更为少见，线纹多为阴线刻，刻画细腻。同时辽代玉器的制作工艺多受北宋影响，如留皮、巧作等工艺，为后世北方玉器的制作奠定了坚实的基础。

412 金代玉器总体风格有何特点?

金代（1115—1234）与南宋相对峙。金代的统治区域广大，包括今之东北三省以及河北、陕西、山东、河南、安徽、江苏一部分地区，因此金代的玉料充足，并且在扩张过程中大量掠夺辽代及北宋的珍宝，同时也俘虏了很多辽代和北宋

金代花鸟玉佩

的玉工，这些都刺激和促进了金代玉器的发展。来自北宋和辽代的玉工将自身先进的琢玉工艺与女真族的民族特点相融合，制成了极具游牧民族特色的“春水玉”和“秋山玉”，这些是中国玉器制作史上的奇葩。

413 金代玉器在工艺上有何特点?

金代玉器继承了唐代遗风，同时又受到了宋朝影响，并且结合了本民族的特点。因此金代玉器的制作工艺也非常有特色，多为片状的佩饰玉，雕刻以镂雕为主，有单层镂雕，也有双层镂雕，甚至三层镂雕，层次分明。金代线纹以阴刻线为主，线条刚柔相济，宽细兼备。这时期的代表玉器“春水玉”、“秋山玉”浮雕、镂雕、阴线刻相结合，工艺复杂，制作精细。

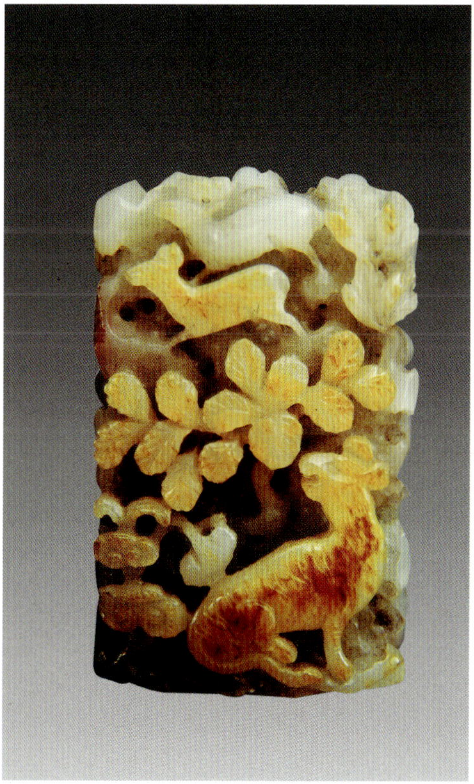

辽金“秋山图”玉佩

414 如何区分宋辽金玉器?

宋辽金时期，南北方玉器既有共同点又存在着差异。其区分要点有四：其一，在玉材上，宋辽金时期玉器所用玉料都以透闪石为主，但辽金地区多见水晶、玛瑙、琥珀等材料的器物，而宋代只有少量的水晶、玛瑙器物。其二，在题材及器物类型方面宋辽金基本没差异，只是宋代玉器中的仿古器皿、剑饰等种类在辽金玉器中尚未发现。辽金玉器中的针盒、羊骨等也独具特色。其三，在工艺加工上，宋辽金玉器制作大体相同，都采用了镂雕工艺，但在加工方式上又有不同，金代镂雕玉器较多地使用了实心钻琢孔工艺，管形钻使用仅见于个别器物。宋代则使用了管壁极薄的管形钻，并将其用于镂雕工艺上。其四，在风格上，辽金都是北方游牧民族建立的政权，其玉器虽吸收了汉文化的许多先进因素，但也保存和发展

金白玉镂雕“秋山图”玉佩

了本民族的传统文化，因此辽金玉器风格比较粗犷，如春水玉和秋山玉等。

415 何为春水玉?

辽、金、元皇帝每年春季都要在嫩江、松花江等附近多个地方打天鹅和狩猎，此等盛事即契丹语之所谓“捺钵”。而春水玉就是反映这一场景的玉雕。春水玉是一种装饰玉，通常采用镂雕来体现水禽、花草，具有强烈的民族特色。春水玉造型多呈厚片状，多数作品比较注重单面雕刻，风格粗犷、简洁。

金青玉“春水图”玉佩

416 何为秋山玉?

辽、金、元皇帝与贵族除了要在“春捺钵”钓鱼、打鹅，还要在“秋捺钵”猎虎射鹿，秋山玉就是表现这一山林围猎情景的玉雕。秋山玉采用镂雕工艺雕琢山林、虎、鹿等自然画面，层次多，风格写实，多以东北多见的柞树作为表现题材，虎、鹿穿行其中，场面异常活泼、生动，情趣盎然。

417 如何认识元代玉器?

元代是蒙古贵族以铁骑和极端的民族压迫为统治手段而建立起来的横跨欧亚大陆的强大帝国。蒙古族入主中原以前，受地理环境制约，比较喜欢玛瑙、碧甸子（松石）；灭掉金、南宋，定都大都后，吸收汉族、女真族先进的琢玉工艺，并且在大都和杭州设立专门的玉器作坊。因此元代玉器比之金、宋有过之而无不及，其玉文化也取得了辉煌的成就。元代玉器种

元代“秋山图”玉带饰

元代青玉环

类丰富，装饰类玉器有玉带钩、玉带饰、玉飞天、鱼形玉佩、羊形玉佩、项链、玉童子坠、春水玉、秋山玉等，观赏陈设玉器有玉海、玉鱼、玉雁、玉兽等。另外，元代还继承了宋代仿制古玉器的传统，根据商周青铜器的形制仿造了许多玉鼎、玉簋、玉壶、玉尊、玉瓶等，但纹饰仍留有较明显的时代特点。

418 元代玉器总体风格有何特征?

元代装饰性玉器多以动物型与花卉型为主题，圆雕为主，片形为次，并且在服饰用玉上增加了小型的玉饰嵌件及帽顶。元代观赏陈设性玉器以高大著称，如“渎山大玉海”开创了我国大型玉雕的新领域。元代玉器的纹饰造型主要有龙纹、虎纹、鹿纹、螭纹、凤纹、鱼纹、凌霄花纹、人物纹、雁纹、天鹅纹、海东青纹等。而民族风情图景及柞树叶齿状外缘的琢法，是一些元代玉器的明显特点之一。

元代玉雕龙饰件

419 元代玉器纹饰有何特点?

元代玉器的玉材主要来自和田及附近的匪力沙，以白玉为主，质地优良。另外，还使用岷玉、青金石、绿松石、玛瑙、水晶等。

元代玉器纹饰中，最常见的是春水玉的天鹅纹、秋山玉的虎纹。此外，元代玉器纹饰中，龙纹、涡纹、云纹、鸟纹、花卉纹等也非常有特点。

420 元代玉器在工艺上有何特点?

元代玉器在制作工艺上没什么创新，雕刻方法包括浅浮雕、镂雕和圆雕，并均与阴线纹结合，立体感很强。但是这时期出现了大型玉器，如“渎山大玉海”，雕工粗犷劲逸，开创了我国大型玉雕的新领域。

元代玉瑞兽

421 元代玉璧有何特点？

元代玉璧多仿唐代，器形厚重，大璧很少，以小型居多，供佩戴用，多数只在一面雕纹饰，谷粒稀疏，排列无规律。元代玉璧刀工粗糙，用刀较深，刀锋常常出廓。

422 元代动物形佩有何特点？

元代动物佩造型多样，多为厚片形，题材以麒麟、鹿、虎、鸟、龙等为多见。另外，鱼龙是这一时期的典型作品，其典型形象为龙头、大翅、鱼尾，鱼尾分叉。

423 元代渎山大玉海有何特点？

玉海，一种大型的贮酒器，最有名的为“渎山大玉海”。

渎山大玉海，又称玉瓮、玉钵，是元世祖忽必烈在至元二年（1265）令皇家玉工制成，喻示元初版图之辽阔，国力之强盛。它重达3500千克，高0.7米，口

元代渎山大玉海

径1.35米至1.82米，最大周围4.93米，玉料取自新疆。它原放置在元大都太液池（今北京北海公园）中的琼华岛广寒殿，现陈设于北京北海团城承光殿前的玉瓮亭中。渎山大玉海外壁周围雕饰有汹涌波涛和游弋腾跃其间的龙、马、猿、鹿、犀、螺等不同动物，手法细致，造型夸张，形态生动，玉海在清代乾隆年间曾进行了四次加工，细部纹饰有所变动，并镌有乾隆御制诗及序、注等。

424 元代玉炉顶有何特点？

元代最具特色的观赏陈设玉是玉炉顶。此时的玉炉顶多为镂雕作品，题材以

元代青玉莲鹭纹炉顶

春水、秋山、鹭鸶以及一路连升等图案最为多见，风格粗犷豪放，极具民族特色。

425 元代玉带饰有何特点？

蒙古族是一个传统的游牧民族，也是一个带钩使用历史悠久的民族，因此元代的玉带钩具有浓郁的民族特色，多以龙首为钩首，钩身附设镂雕纹饰，曲线较为平缓，形体增大，多呈琵琶形。元代玉带钩造型新巧，风格别具，明清两代多有效仿。

玉带之制在元代又有新的规定，在元代，只有一品以上的文武官员才可使用

元代青玉带饰

玉带。其中文官玉带板上的纹饰为禽鸟纹，武官玉带板上的纹饰为走兽纹，而狮纹为一品武官玉带板上的专用纹饰。

元代玉带扣分为三部分，两侧为片状玉板，各带一个环头，中间有一个套环将其套接，呈三环相接的形式。带扣纹饰多为凸雕的螭纹，或为镂雕的鹘捉天鹅图案等。

426 元代玉押有何特点？

唐宋以来，押记与押印逐渐兴起，成为印章中的一种主要品类，玉制的押印称为玉押。但玉押的实物始见于元，元代百官多不能执笔画押，就以象牙、木刻而印之。而玉押只有一品以上高官由朝廷特赐方可使用。

元代龙纽玉押

明清玉器

427 如何认识明代玉器？

明早期皇帝独揽大权，但是在宣德以后，皇权开始削弱，内阁与宦官之间开始了权力争夺，此后始终处在内乱频仍、外患迭起之中。但是明代经济文化在中国历史上却属于较发达阶段，工商业高度发达，民间变得富裕，因此玉器在明代得到了进一步发展。这一时期的玉器，逐渐摆脱了两宋以来形成的形神兼备的艺术特点，形成了追求精雕细琢装饰美的艺术风格，并且在经济、文化发达的大城市中都开有玉肆，最著名的碾玉中心是苏州，同时也出现了“水凳”等先进工具。这一切都促使玉器产量进一步提高，质量也更加精美。明代仿古玉器也十分丰

金盖托白玉碗

明九螭纹玉璧（正面）

富，传说清代的乾隆皇帝也曾被明代仿古玉欺骗过。

428 明代玉器总体风格有何特征?

明初玉器风格继承宋代、元代遗风，做工严谨而精美，造型粗犷浑厚，多以人物、动植物、器物为题材。明代中期的玉器趋向简略并形成了南、北两种风格。北方以北京所作的玉器为代表，大多器形浑厚，刀法粗犷有力，有“粗大明”之称。南方以苏州制作的玉器为代表，讲究工艺技巧，所制玉器精巧玲珑，器形规整，出现了“三层透雕法”，又被称为“南细工”。这一时期的玉器开始显现出明代社会的特点。明晚期，商人为了获取高利，使用劣质玉、掺色玉等廉价玉材制造了大批假古董。虽然玉器数量增多，但精工者较少，且多与金银宝石镶嵌工艺结合；因此玉器也出现了商品化的趋势。

明金托玉爵

明代白玉葵花杯

429 明代玉器纹饰有何特点?

在纹饰方面，明代前期流行折枝花卉等花鸟纹样。明代晚期，符瑞吉祥的谐音题材甚为风行，玉雕图案出现大量民俗故事、吉祥图形，生活化、世俗化、装饰化成为当时玉雕纹饰的主流。

明代玉器纹饰盛行吉祥图案，如松竹梅纹、云鹤纹、麒麟纹、八宝纹等等。此外，山水人物纹及刻字也开始出现。

430 明代玉器的主要材料有哪些?

明代玉器所用玉材主要为白玉、青玉，另外还有碧玉、黄玉、墨玉、玛瑙、水晶、青金石等。

431 明代玉器在工艺上有何特点?

明代玉器的雕刻工艺包括镂雕、线刻、浮雕和圆雕。雕刻形式主要有四个特点：一是圆润敦厚型。器形轮廓规整，手感圆滑，不见棱角，风格浑厚婉约，如南方玉器，又称之为“南细工”；二是粗犷旷达型。造型简练，轮廓不加修整，线条粗犷遒劲，如北方玉器，又称之为“北大明”、“粗大明”；三是明代的镂雕工艺已经达到了炉火纯青的地步，出现了被后世称为“花上压花”的技艺，堪称一绝；四是在浅浮雕的地子上，往往留有实心钻钻过后留下的坑洼，俗称“麻地”。此外，玉器上嵌宝石的工艺盛极一时，制作非常精美华丽。

432 子刚玉有何特点?

明代玉器工艺成就的代表首推子刚玉。陆子刚是嘉靖、万历年间苏州著名玉工，也写作“陆子冈”，当时“名闻朝野”，“可与士大夫匹敌”。其代表作品有玉牌饰、合卺杯、竹筒形杯、百乳白玉蝉、白玉印池、玉簪等。其作品飘逸脱俗，俊秀逼真，巧夺天工，又被称为“子刚玉”。其中艺术成就最高的是玉牌饰，陆子刚制作的玉牌饰集浮雕、线刻等于一身，精妙绝伦，又被称为“子刚牌”。子刚玉还有一个特点，就是在器底、器背、把下、盖里等不显眼处，都留有“子冈”、“子刚”、“子刚制”三种刻款，有阳文或阴文，以篆书和隶书为主，且有图章式印款。

可惜的是，陆子刚传世的作品并不是很多，一身技艺也没有传人，流传下来的多为当时或后代仿作的，仅题款就有“子刚”、“子岗”、“子网”等多种，真赝混杂，孰真孰假极难鉴别。

433 如何区别子刚牌和子刚款牌?

子刚玉中子刚牌仿制最多，其中又以清代民国仿品最多，人们将这类仿制的玉牌称为“子刚款牌”。然而陆子刚的

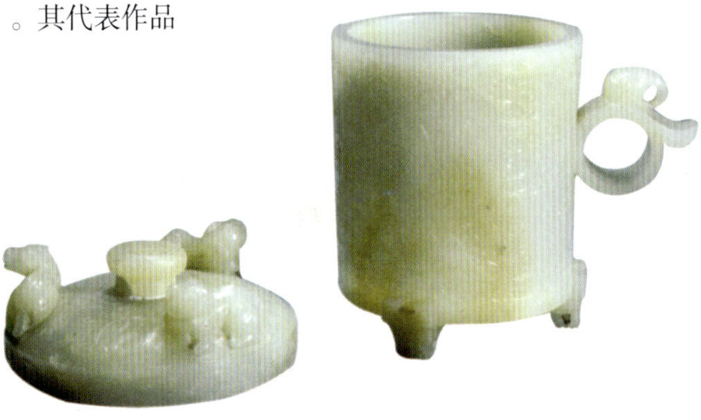

明青玉子刚卮

白玉童子纹子刚款牌

存在空前绝后，技冠古今，因此无论仿制的水平再高，“子刚款牌”与真正的“子刚牌”也有很大区别。其一，从所处时代来看，真正的“子刚牌”反映的是明代晚期高难度浅浮雕的琢玉风格，非常精致细腻，而清代或民国时仿制的“子刚牌款”缺乏时代风格。其二，从题材来看，“子刚牌”多为文人佩戴的玉牌，因此其题材多表达这些人的审美情趣。此外，陆子刚属于民间玉雕大师，而龙凤题材多出现在宫廷玉器中，因此在他的玉雕作品上不可能出现龙凤题材，否则就是犯了大忌。但是现在大量流行的子刚款牌中竟有龙凤纹的，此应是民国时期仿制的。

434 明代玉杯有何特点?

明代玉杯品种式样较多，造型奇特，远远超过了宋元两代的玉杯。在明代，镂雕装饰杯大量出现，这种玉杯一般为花形或圆形，一侧或整个杯外侧镂雕有松竹等各种纹饰，并且镂雕部分体积较大，有的超过杯的容器部分，雕琢细致，技艺非常高。此外，明代有的玉杯置于盘式金银托盏上，托盏上镶嵌各色宝石，相当华美高贵。

明青玉单耳乳钉纹杯

明白玉合卺杯

435 明代玉合卺杯有何特点?

合孙卺杯是古代婚礼上新人用来喝交杯酒的专用杯子，其特点是两杯相连，中间相通。明代合卺杯中最为精美的是陆子刚制作的合卺杯。

436 明代玉碗有何特点?

明代玉碗有敞口、直口两种，碗壁较厚，外壁一般饰有龙纹、鱼纹、花卉纹、山水人物纹等。其中花卉纹玉碗多为明永乐、宣德时期的作品，龙纹、鱼纹玉碗多为嘉靖以后的作品。

437 明代玉执壶有何特点?

明代玉执壶造型多样，有下宽上窄或上宽下窄的细高形玉执壶、矮方壶、近

明青玉莲瓣壶

明浮雕八仙纹玉执壶

似圆形的玉执壶、竹节式玉执壶、八方式玉执壶等，多为夔式柄，有八仙庆寿、松鹤寿星等吉祥纹饰。有些壶上还雕有“寿”字，一般在壶盖上均立雕出寿星、仙桃等装饰。

438 明代玉瓶有何特点?

明代玉瓶多为仿古造型，口径较大。典型器物有以下几种：琮式瓶，这种玉瓶为玉琮样式，方柱形，器表饰有夔纹或仿良渚玉琮纹饰；仿古瓶，形制多仿古尊或古壶，足较高，纹饰多为蝉纹及兽面纹等；莲花瓶，这种玉瓶器表雕有莲瓣，并且在莲瓣上还雕有“寿”字。明代玉瓶属于陈设器。

439 明代玉雕人物有何特点?

明代玉雕人物表现形象广泛，有神仙、寿星、佛教人物、道教人物、刘海、高士、仙女、胡人、童子等，一般头大、脸长、鼻小，阴线刻画细部。其中寿星和佛教人物占了很大比例，其形态非常生动。明代的玉雕童子多仿宋代的持荷童子，但造型变化较多，衣纹刻画更加细致。

明青玉菩萨

440 明代玉雕动物有何特点?

明代圆雕动物数量、种类很多，形体也比较大，头部较小，棱角较多，肌肉强劲，形态丰满，并且细部也仔细雕琢，力求逼真，风格写实。明代玉雕动物常见

明白玉鳌鱼花插

的形象有龙、凤、蟒、鹤、鹿、虎、狮、牛、马、兔、羊、猴、飞鱼、鸳鸯、蝙蝠等，且寓意吉祥。

441 明代玉璧有何特点?

玉璧作为礼仪玉器在唐代以后几乎绝迹，但是到了明代，在“法先王”的思想影响下，相当一部分仿古玉璧作为礼仪玉器再次出现在各种礼仪活动中。因此明代玉璧的数量比唐宋元要多，多用青玉、白玉制成。其主要有两种形式：一是一面浅浮雕螭虎纹，另一面雕仿战国时代的谷纹、云纹或卧蚕纹；二是根据古文献记载中的玉璧式样加以仿制，璧的两面均饰有

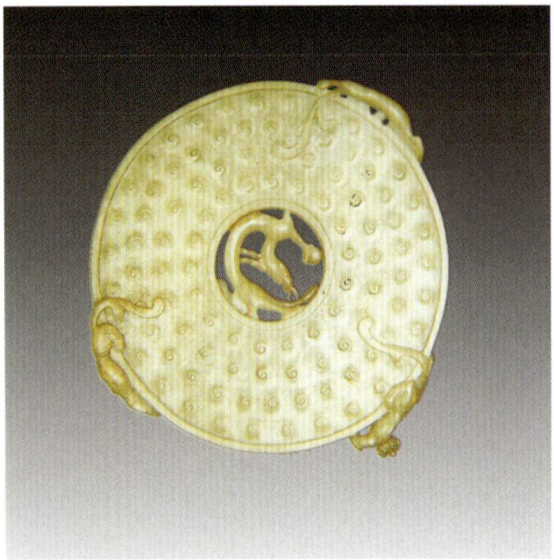

明九螭纹玉璧（背面）

仿战国、汉代的谷纹、云纹或卧蚕纹，然后在璧体的边沿外增加其他装饰。此外，

明阴刻填金五岳纹玉圭

明代开始出现了八卦纹饰的玉璧。

442 明代玉圭有何特点?

玉圭是明代极为重要的礼器，《明史·舆服志》记洪武“二十六年更定，衮冕十二章……圭长一尺二寸”，“永乐三年定，玉圭长一尺二寸，剡其上，刻山四，以象四镇之山，盖周镇圭制，异于大圭不琢者也。以黄绮约其下，别以囊韬之，金龙纹”，“嘉靖八年……乃定制……玉圭视镇圭差小，剡上方下，有篆文曰‘讨罪安民’”，“皇后冠服，玉谷圭，长七寸，剡其上，琢谷文”，“后太子妃冠服……其玉圭、带绶、玉佩俱同王皇妃”，“亲王冠服，洪武二十六年定……玉圭长九寸二分五厘”，“亲王世子冠服，永乐三年更定，玉圭长九寸”。可见当时的玉圭使用是很多的，其形制、大小、用途都有严格规定。从考古发现的玉圭来看，明代玉圭以上端呈三角形的长方形玉片为多，纹饰主要是谷纹、山形纹、弦纹等，此外还有一部分素圭。

443 明代玉佩有何特点?

明代玉佩造型式样繁多，是官吏冠服制度中不可或缺的重要组成部分。主要典型器形有以下几种：瓣形玉佩，花瓣式，圆形，片状，边缘呈八瓣、六瓣，多为菊瓣；方形玉佩，以对角线为轴，镂雕

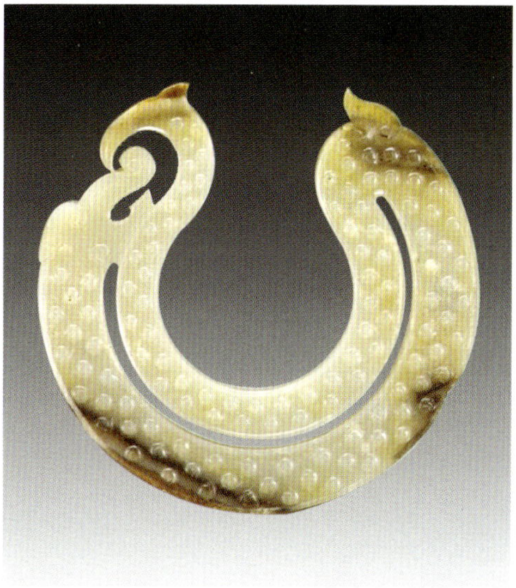
明仿古龙凤纹佩

四组纹饰，边缘圆润；玉牌子，呈长方形，其制作和纹样刻画多借鉴晚明绘画形式，故在有些玉牌子上还有名人诗句，明代玉牌子以陆子刚制作的最为精美。此外，明代还流行玉组佩。

444 明代玉组佩有何特点?

春秋、战国时期广为流行的玉组佩在唐宋时期几乎不见了，但是到了明代，这一华丽的佩饰重新出现了，并成为明代装饰性玉器中的代表，其佩带也有非常严格的规定。据《明史·舆服志》记载，皇帝使用的玉组佩有“玉佩二，各用玉珩一，瑀一，琚二，冲牙一，璜二，瑀下垂玉花一，玉滴二，瑑饰云龙纹描金。自珩而下系组五，贯以玉珠。行则冲牙，二滴与璜相触有声。金钩二”，目前考古发现的明代玉组佩也充分证明了这一点。

445 明代玉山子有何特点?

玉山子在明代十分流行，题材更加广泛，有反映道教佛教神仙故事题材的，也有反映山石、水草、树木、禽兽、人物和楼阁的，以后者居多。这种山子场景真实、自然，有微缩景观的效果，是明代玉器中的亮点。

明高士鹿桃纹玉山子

446 明代玉花插有何特点?

明代玉花插是明代玉器中较为名贵的品种之一，造型多样，多依料而形，随形就势，并在花插腹部镂雕花鸟、草虫等纹饰。

447 明代玉带板有何特点?

明代玉带同唐宋时期结构基本一致，由玉带板、玉带扣、玉带钩组成。其

明青玉灵芝插

中玉带板多为长方形、方形、圆形、桃形等，有素面无纹的和带有纹饰的。有纹饰的玉带板，由于明代镂雕技艺的成熟和发达，与前代相比纹饰更加丰富，多运用“花下压花”的镂雕技法制作出多层纹饰，如云龙纹、海水江涯纹、鹿纹、狮纹及各种花鸟虫鱼、百子图等。到了明中期，带有吉祥寓意的纹饰开始流行，如松鹤延年、麒麟花卉、三羊开泰、仙桃缠枝等。

图308　明代玉带板

关于明代玉带之制，在《明史·舆服志》中有记载：“凡帝王，一品，公、侯、伯、驸马，或皇帝特赐方可用玉带。”这是洪武十三年对玉带板使用资格的规定。永乐时期，规定前腰13銙，后腰7銙，第一次为玉带板订立了标准，人们把这种20块的玉带板称为制式玉带板。

448 明代玉带钩有何特点?

明代玉带钩在造型和雕刻纹样上都延续前代风格，但也有区别。如明代玉带钩钩身由琵琶形变为螳螂形，较窄，钩钮移位到钩身中间，且高度变矮。到了明代中晚期，玉带钩的变化更大，如龙首猫形耳在明代变为合页形耳。这种耳形到了清代都十分流行，钩身没有元代厚而呈片状，钩钮再矮一点。纹饰纹样也比前代丰富，在前代的基础上大有发展，常见的有龙纹、云纹、蟠龙纹、狩猎纹、细绳纹、灵芝纹、花卉纹、瑞兽纹。这些纹饰以刻画纹为主，雕纹也相当多，都非常精细华美。

449 明代玉头饰有何特点?

明代玉头饰的种类很多，主要有玉钗、玉簪等。明代玉钗和玉簪分为两类。一类为纯用软玉制作的。这类玉钗、玉

明白玉镂空寿字镶宝石金簪

簪以白玉、青玉较多，造型多样，钗头、簪头有灵芝状的，也有雕成花卉状的，等等，钗身和簪身通透性较好，有圆形、扁圆形、扁形等，长短不一，粗细有异。还有一类钗和簪，钗身、簪身多为金质，钗头和簪头则镶嵌玉石，由金、玉、宝石三种材料组成，光彩夺目。

450 如何认识清代玉器？

清代是我国封建社会的最后一个王朝。清朝初期，局势稳定，城市经济繁荣，商业发达，出现了“康乾盛世”。这时期，玉材充足，玉雕技术集历代大成，玉器在这一时期得到了空前发展，尤其到了乾隆、嘉庆年间，玉器数量之多、品种之全、加工技术之高、装饰纹样之精致华美，这一切都促使我国古代玉器发展到了最高峰，这时期同时也是我国古代仿古玉器发展的最高峰。到了1840年，鸦片战争爆发，清王朝内忧外患，国家经济严重受挫，新疆玉贡完全停止，宫廷玉器日渐衰落，有时甚至停止碾制。地方大城市的玉肆，也因原料不足及经济衰退而逐渐衰落。特别是太平天国起义，战火遍布全国十多个省市，从此之后清代玉作就再也没有繁荣起来了。

451 清代玉器有何特点？

清痕都斯坦嵌金丝花纹玉瓶

清代玉器制作精美，其玉雕技术继承了历代琢玉工艺的精华，同时善于借鉴绘画艺术、石雕艺术、工艺美术的成就，

清大禹治水玉山

又吸收外来艺术的一些先进因素。因此这时期的玉器在工艺上有着极强的时代特点和较高的艺术水平，比如玉山子、玉瓮、玉屏风等陈设品，可以说是中国古代玉器精品之中的精品。

清代玉器在造型风格上给人以一种新的感觉，造型以圆雕为主，片形器次之。此外，除继承传统器形的特色外，清代还出现了一批颇具特色的仿生、仿建筑题材的作品，代表了清代乃至中国古代玉器的最高成就。

清痕都斯坦石榴玉瓶

452 清代玉器常见器形有哪些？

清代玉器的主要品种有陈设性玉器、装饰性玉器、生活用具玉器、文房用具玉器、吉祥和礼仪用玉器、宗教用玉器及仿古玉器等等。其中，陈设性玉器有仿青铜器的仿古器皿，还有玉山子、玉屏风、玉摆件等；装饰性玉器以玉佩饰的种类最为丰富，有朝珠、翎管、手镯、戒指、带钩、玉簪等；宗教用玉器有玉佛、玉念珠等。此外还有各种玉质的生活用具玉器,文房用具玉器也非常丰富。清代仿古玉器主要是仿礼器、古佩饰玉、古陈设品等。

453 清代玉器在工艺上有何特点？

清代是中国玉器制作史上的空前繁

荣时期，尤其是乾隆时期，雕琢精细，纹饰繁缛，风格多样，集历代技法之大成，因而清中期玉器也被称为"乾隆工"。

清青玉番人戏象

清代玉器借鉴当时绘画、雕刻、工艺美术等方面的工艺技巧，将传统的阴刻、阳线、平凸、隐起、俏色、浮雕、半浮雕、镂雕技艺发挥得淋漓尽致，做工严谨，即使一些次要部位也是一丝不苟，非常精美。同时清代玉器吸收了外来的一些艺术形式，如西番作玉器。

清代是我国古玉器发展的最高峰，其纹饰在继承传统的基础上，除仿古纹饰外，新创百子图、九老图、耕织图、竹林七贤、凤穿牡丹等纹饰，并出现了御制诗及各种铭文。

454 清代玉器所用的玉材有哪些？

清代玉器所用的玉材主要有和田玉和叶尔羌玉，数量最多的是白玉和青玉，

清乾隆翡翠雕花卉纹葫芦形鼻烟壶

另有碧玉、黄玉、墨玉等。清朝初期，翡翠的大量传入是中国玉器制作史上的一件盛事，开辟了玉器制作的新领域。到清朝后期，翡翠上升到玉料的最高地位。

此外，水晶、碧玺、芙蓉石、绿松石、玛瑙、青金石等也被大量使用。

455 什么是痕都斯坦玉器？

痕都斯坦玉又称"印度玉"或"莫卧儿玉"，乾隆二十四年（1759）传入中国。

清代所说的痕都斯坦，大致位置在今印度北部、巴基斯坦大部和克什米尔一带。痕都斯坦玉是清军平定回部叛乱之后作为战利品带入清宫的。乾隆皇帝对这种外来品爱不释手，甚至认为闻名天下的苏州玉雕也没有痕都斯坦玉精美。他

清痕都斯坦活环菊花洗

一方面到处搜寻痕都斯坦玉，一方面在造办处专设仿痕都斯坦玉的工种，时称“西番作”。这些仿痕都斯坦玉器也是清代玉器的主要类型之一，典型玉器有碧玉菊瓣盘、青玉茄式洗、白玉叶式杯、白玉双环碗和青玉双耳碗等。

456 痕都斯坦玉器有何特点？

痕都斯坦玉器造型纹饰充满浓郁的西域气息，玉材与和田玉相似，多呈青色，玉雕采用独特的水磨雕琢。玉器造型多仿照卷起或开放的花、果、叶等形状，

清仿痕都斯坦白玉错金嵌宝石碗

实用玉器较多，主要有杯、碗、匙、盘、盒、壶等。纹饰以植物为主，动物很少，只见羊类纹饰。痕都斯坦玉器皿莹薄如纸，纹饰多采用平面浅浮雕，碾磨细润光滑，不留痕迹。北京故宫博物院收藏的许多痕都斯坦玉器上都刻有铭文，其内容主要是一些诗词和年款，这些都是进入清宫后由造办处玉匠琢刻的。

457 乾隆时期的玉器有何特点？

乾隆皇帝对玉十分喜爱，加上玉材比较丰富充足；因此这时期的玉器数量品种都很多，而且几乎件件是精品，雕琢

御制碧玉兽面活环盖瓶

都十分精细。其线条的刻画更是到了出神入化的地步，线条平直圆润，角度规整匀称，转折流畅自然，都是一气呵成，结合绵密，绝无断刀或续刀的接痕和毛碴。乾隆时期所有玉器的表面抛光非常精细，器表光润细腻，大多呈现出脂肪状或蜡质光泽。

乾隆时期御制玉器的器底或沿口一般都加琢乾隆皇帝的年号，字体篆、隶、楷三种皆有，多为阴文，罕见阳文字体。“乾隆年制”、“大清乾隆年制”最为常见。若是仿古玉器则多琢“乾隆仿古”、“大清乾隆仿古”，“仿”字有时写作“倣”字；若是前期入贡的痕都斯坦玉器，则常加琢“乾隆御玩”、“乾隆御咏”、“乾隆珍玩”等款。

458 清代玉璧有何特点?

清代统治者崇尚古制，在一些规模较大的祭祀、朝觐、大典活动中经常用到仿古玉璧、玉琮、玉圭等玉礼器，这些玉器也作为陈设品和装饰玉，用于赏玩。

清代玉璧玉材以青玉和白玉为主，或仿汉代，或仿战国，器形小，璧身较厚，孔较小，主要品种有苍璧、谷璧、蒲璧等，其纹饰既有仿制古代的谷纹、蒲纹、蟠螭纹、龙凤纹、云纹等，也有带有时代特点的花草纹及含有吉祥寓意的动物纹等。除传统的玉璧形制外，还出现了中间带活环套的双联璧。

清双螭玉璧

459 清代玉圭有何特点?

清代玉圭主要有三种，一种为尖状圭，第二种为成组的圭，第三种为仿古玉圭。清代流传下来的玉圭中以仿古玉圭最多，是仿照新石器时代或商代的玉圭所制，这类玉圭一般还有题款，如在乾隆时期制作的仿古玉圭上，不仅题有“乾隆年制”的款识，而且有“地字二号”、“元字三号”、“洪字七号”、“火字七十五号”等顺序号。

460 清代玉山子有何特点?

清代是玉山子的鼎盛时期，还出现了超大型的玉山子，如大禹治水玉山、

清会昌九老图玉山

清黄玉三阳开泰插屏

叶尔羌玉“秋山行旅图”玉山等，工艺水平很高。

清代的玉山子造型多样，有圆形、椭圆形、长方形、扁方形等。清代玉山的制作受当时画风的影响很大，玉山上的山峦、小桥、流水、竹林、人物、仙鹤、麋鹿等各类形象的布局讲究均衡、稳重，层峦叠嶂，意境清淡，用刀平稳，雕琢十分精细。另外，还有一种小型玉山子，多作文房内的摆设用具，用整件树木、瓜果、动物等作为题材雕琢，形式新颖精巧，有着鲜明的时代特点。

461 清代玉插屏有何特点?

玉插屏在清代非常盛行，存世作品很多。从造型上看，玉插屏的玉石板多为圆形、椭圆形、长方形、正方形等等，纹饰图案一般较大，有浮雕山水、花卉、人物、奇石等纹样，单独的图案不多，多大型组合图案。还有的玉插屏是把名贵古玉直接镶嵌在屏座内。

462 清代玉如意有何特点?

清代的玉如意数量很多，造型多为长条形和曲折形，侧面呈S形，一端是翘起的如意头，中间是适宜手握的柄。清

清铜镀金累丝三镶绿玉如意

代玉如意虽然基本造型和前代差不多，但其如意头造型却多样，主要有灵芝形、云形，柄主要有微曲形、曲折形、弧形、平直形，多段曲折形等等，细部特点变化十分丰富，上面雕琢有精美纹饰，浅浮雕和刻花纹都有，有些还相互交叉使用。在清代，还有一种三镶玉如意，即以紫檀、珐琅、金银等材料作柄，柄首、腰、尾均嵌镶玉饰，珠联璧合。

463 清代玉雕人物有何特点?

清代玉雕人物作品中，以寿星、童子、仕女最为多见。其中又以玉雕童子造型更为典型，更为生动，一般脸部五官比较写实，但动作比较夸张，表情十分丰富。清代玉雕童子常见的有两童子嬉戏、童子戏莲、童子受教、童子献宝、童子祝寿等，寓意吉祥，具有社会性与民俗性。清代玉雕人物有些用作陈设观赏，而作为佩饰的玉雕人物形体比较小，为片状。

图322　清青白玉五子登科

464 清代玉佛像有何特点?

清代玉佛像的造型规整，种类繁

清白玉佛像

多，多为圆雕作品，最典型的形象是玉观音、玉达摩、玉弥勒、玉罗汉、送子观音等。这些形象虽然基本比较固定，但并非僵化，很多玉佛的细节特点有些变化。比如玉观音，有的玉观音是站姿，有的是坐姿，也有的是卧姿。这些不同姿势的玉观音表情也不一样，衣带和雕琢方法也不尽相同。清代玉佛像除了用作膜拜造像外，也有部分用于陈设观赏，而一些小型的或作玉佩或作玉坠。

465 清代玉雕动物有何特点?

清代玉雕动物数量很多，在造型、纹饰、寓意等各方面有了很大很深的变化。如象征吉祥的传统动物题材龙、凤、麒麟、辟邪等神鸟异兽，这时期仍旧十分

清镶宝石鸳鸯壶

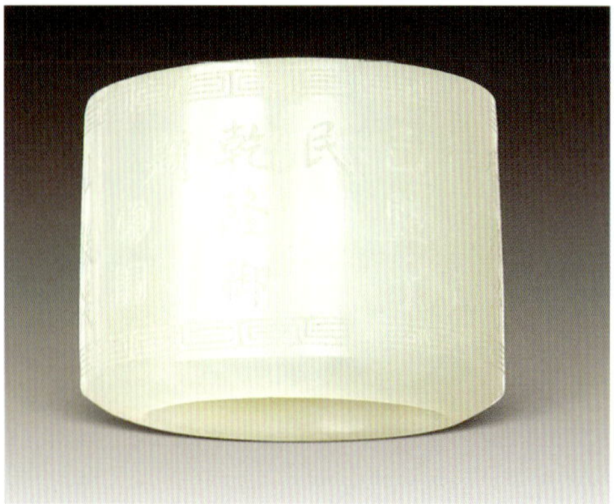

清乾隆御题诗青白玉扳指

丰富，并且更善于捕捉动物瞬间的神态，玉质也较精。另外，一些新的寓意吉祥的家畜、家禽等动物形玉雕渐渐增多，风格多丰满肥硕。而玉龟、玉兔等玉雕数量明显减少。清代玉雕动物有些用作陈设观赏，也有相当部分作为佩饰，造型种类很丰富。

466 清代玉扳指有何特点？

玉扳指在清代很流行，但基本没有了实用功能，仅作男性装饰玉。清代玉扳指有以下几个特点：从玉材上看，除了传统的软玉制作以外，清代还出现了相当多的翡翠玉扳指，玛瑙、水晶、琥珀扳指也比较多；从造型及做工上看，清代玉扳指的圆度比较规整，器表抛光比较好，光泽柔和；从纹饰上看，清代玉扳指线条流畅，刚劲挺拔，外围多雕琢成浮雕纹饰，有狩猎图、宴享图、丹凤朝阳图等，有的刻“古稀天子”、“万寿无疆”等字样，有的还琢有诗文、山水画等纹饰等等。

467 清代玉簪有何特点？

玉簪是清代妇女的主要头饰，种类繁多，数量庞大，主要有两种形式：一种为一端卷起的宽扁条状，称为“扁方”，是满族妇女梳旗头时所插饰的特殊大簪，均作扁平“一”字形；另一种为细长圆锥状，常装饰有绳纹状、花卉形等纹饰。虽然玉簪的基本形制相同，但其簪头造型很多，有蘑菇形、鸟首形、龙首形、凤首形、人物形、花朵形、花瓣形等等，多为镂空雕琢。还有的发簪用金银制成，簪头镶嵌宝石、玉石等。

468 清代玉花插有何特点？

清代玉花插的形制多为树桩式，并

碧玉鱼龙戏珠花插

用镂雕、透雕、高浮雕手法琢磨出树枝、树叶、花鸟等纹饰，结构复杂。另外，还有梅花形、玉兰形、莲花形、灵芝形、白菜形、双鱼形等形式，多为常见的动物、植物形状，刻画生动，立意完美。清代玉花插玉质细腻，除了软玉制品，翡翠制品也有。翡翠质地的玉花插色彩瑰丽，一般为纯色，但有的绿中带白，白中带青，是清代玉器中的精品。

469 清代玉镯有何特点?

清代玉镯在造型上讲究规整，以圆形为多，也有部分扁形或扁圆形，与传统玉镯没什么区别。在纹饰上，清代玉镯多光素无纹，有纹饰的也是比较简单的刻画，有云纹、龙纹、花卉纹等。清代玉镯的亮点在于数量特别多，玉质特别好，出现了大量翡翠玉镯。

470 清代玉串饰有何特点?

清代玉串饰种类比较多，有朝珠，有手链，有佛珠，也有将各种玉饰用玉珠分开用丝线串联起来的小型串饰，美其名曰“杂宝串”或“多宝串”，等等。清代最精美的玉串饰为十八子手串，用十八颗圆珠串连而成，故名，是佛珠的一种。此外还有二十七颗，五十四颗，一百零八颗的，是诵经念咒时计数用的。

471 清代生活用玉有何特点?

清代生活用品玉器主要为玉杯和玉碗等等。玉杯和玉碗等生活用品出现的时间较晚，直到明代才开始大量制作。到了清代，优质的玉材被源源不断运到北京、苏州、扬州等玉器制作中心，琢玉的工艺进一步提高，玉制生活用品开始大量出现，达到玉杯、玉碗等玉制生活用品的制作高峰。

472 清代玉碗有何特点?

清代玉碗有宫廷制作的玉碗、民间制作的玉碗和仿痕都斯坦风格的玉碗。宫

清乾隆翡翠龙纹杯盘

廷玉碗精美异常，尤其是乾隆时期的玉碗更是精品，琢制工艺精益求精，镂雕、透雕、高浮雕、活环等多种复杂的技法都被运用到其中。纹饰繁缛华丽，有龙凤纹、花卉纹、花果纹、动物纹、诗词、山水纹、人物纹等，有的还雕琢有描金的御题诗。

民间玉碗数量特别多，以实用为主，对材料的选择不够严格，造型简洁朴素，大多光素无纹，有纹饰的也以福寿纹等吉祥纹为多。

仿痕都斯坦风格的玉碗也是这时期的精品。

473 清代玉杯有何特点?

清诗配图葵瓣形玉碗

清代玉杯式样很多，有高足杯、荷叶杯、斗形杯、钟式杯、单柄杯、双耳杯等，大多用白玉、青玉制成，也有用翡翠、碧玉、玛瑙等制成的，大多数带有盏托。其中，以单柄杯和双耳杯较多，单柄杯一般为螭龙柄，双耳杯则有双龙耳、双花耳、双童耳等，也有变形的双夔耳。此外清代还有许多仿古玉杯。

474 清代玉船有何特点?

清代玉船有的较为简单，如独木舟一般；有的较为复杂，有篷，人物摇桨，船上载有象征吉祥或财富的物品。有的在船上雕琢众多的人物形象，如八仙等。有的更加复杂，有如一个仿真模型，整个船体造型规整，船上雕梁画栋，十分逼真。还有的干脆雕琢成船形山子，上面不仅有山林、花草、流水、楼阁，还有人物、动物等。清代玉船以立体雕琢为主，还结合镂雕、圆雕、浮雕、浅雕等多种技法，雕琢细腻精致，有些船上人物衣纹的线条都非常细致流畅。因此玉船是一种非常具有观赏性的陈设摆件。

475 清代玉笔洗有何特点?

玉笔洗是清代文房用具中较为丰富的玉器品种，数量较多。清代玉笔洗继承前代传统，但又有新发展。在造型上有钵形、碗形、盒形、荷叶形、海棠形、各种花形、动物形等；在纹饰上，清代玉笔洗以有纹饰的居多，并且其纹饰以适应造型为主，多为刻画纹，常见的有龙纹、线条纹、植物纹、动物纹等；在玉材上，清代玉笔洗多用和田玉琢磨而成，玉色多为白、青绿、碧等。

清水晶荷叶笔洗

476 清代玉笔管有何特点？

玉笔管是清代玉制文房用具中的代表品种，选料精良，以上好的和田白玉为主，从造型上看与通常的竹筒笔管没有什么区别。玉笔管多为圆筒形，细长，有的实心，有的空心；但也有一些呈不规则形的，如竹节形玉笔管、扁形玉笔管等等。

477 清代玉笔筒有何特点？

清代玉笔筒数量很多，基本造型为筒形，多仿竹笔筒；但也有一些改变，有些玉笔筒呈四方形，有的玉笔筒如正圆形杯子，等等。从纹饰上看，清代玉笔筒多结合玉色和造型来装饰纹样，如用青玉制作的玉笔筒，将笔筒做成竹节状，刻画一些竹节纹、竹叶纹、竹枝纹等。玉笔筒除了实用功能外，也具有很强的陈设观赏性。因此，有的玉笔筒雕琢十分细腻。纹饰复杂的玉笔筒有些用浮雕手法琢磨出表现园林景致、山水渔樵、文人雅士、植物花卉的情景，如岁寒三友图笔筒、观瀑图笔筒、狩猎图笔筒及春夜宴桃李园笔筒等。还有的玉笔筒在筒外琢有山水诗文，更体现了文人的风格，有很高的艺术性。

478 清代玉镇纸有何特点？

清代玉镇纸相比前代而言，造型最多，常见的有瑞兽形、叶子形、花卉形、各种动物形等等。清代玉镇纸纹饰也比前代丰富，如线条纹、海水纹、水波纹、竹节纹等等，雕琢精细，因此清代玉镇纸多作观赏把玩之用。

479 清代玉砚有何特点？

清代玉砚造型多样，除了传统的“风”字形砚外，还有各种动物形砚、花卉植物形砚，如桃形砚、双龙砚、龙珠砚、卧鹅式砚、凤背砚等等。清代玉砚做工精细，多运用雕琢、刻画等手法对玉砚作全方位装饰。相比普通砚台，玉砚以精美的玉质和装饰性取胜，是一种高雅的赏玩玉器。

480 清代玉砚滴有何特点?

玉砚滴在清代十分流行。清代玉砚滴以圆雕造型为主，有椭圆形、圆形、动物形、花卉形等等，题材多样，各种动物、各种植物、神仙人物、童子、仕女等等都有表现，此外还有一些吉祥如意题材，如年年有余、喜事连年纹等。

481 清代玉鼻烟壶有何特点?

玉鼻烟壶以清代最多，特别是乾隆时期，由于和田玉出产充足，并且翡翠也大量使用，这些都是制作玉鼻烟壶的优质玉材。因此清代鼻烟壶玉质优良，温润细腻。清代玉鼻烟壶有素壶与花壶两种，花壶中又有俏作的。造型多样，有折方、宫灯、荷包扁、酱瓜扁、葫芦、子母葫芦、瓜棱，以及各种动物形等，小巧精美，生动可爱。做工上因材施艺，阴刻、浮雕、镂雕并用，随形而琢。可以说清代玉鼻烟壶是我国古代玉器中最精美的品种之一，曾有人评论道：“小小鼻烟壶，集历代文化艺术精华于一壶，没有一项中国艺术工艺能集这么多工艺变化于一身。”

482 清朝官职等级与宝石有何关系?

清王朝取代明王朝之后，推行了等级森严的九品官制，并以不同的宝石制成帽顶区别：一品官帽顶为红宝石；二品官帽顶为珊瑚；三品官帽顶为蓝宝石；四品官帽顶为青金石；五品官帽顶为水晶，一般多用紫水晶或茶晶；六品官帽顶为砗磲；七品官帽顶为素金；八品、九品都用镂花金顶。

去伪存真篇

483 人工处理过的绿松石的鉴别方法有哪些?

人工处理绿松石的方法有染色与注入石蜡、石蜡油、塑料等。对绿松石染色鉴别的方法为：在不太显眼处滴少许氨水，苯胺染料就会被氨水漂白。绿松石注油、注蜡的鉴别方法为：把热针靠近，但不触及宝石，放大镜下能看到熔化、流动的石蜡或油。绿松石注入塑料的鉴别方法为：热针触及宝石表面，注入塑料会发出难闻的气味。玉髓染色后呈玻璃光泽，透明度好，折光率1.54，滤色镜下观察呈粉红色。人工合成绿松石为天蓝色，颜色均一，50倍显微镜下观察可见球状结构。

绿松石山子

484 鉴定古玉需要掌握哪些能力和知识?

古玉辨伪是一门非常复杂、严谨的大学问。因此古玉爱好者和收藏者要想提高自己古玉鉴赏和辨伪的能力，必须不断收集、学习相关知识，除熟读中国玉器史外，还应熟读中国通史、中国工艺美术史，研究中国的青铜、陶瓷、书画等艺术；同时还要大量观摩和研究实物，多留意考古发现，多进行真品或赝品比较研究，多向治玉工匠、玉器鉴定专家请教，等等。

485 为什么说纹饰是古玉辨伪的重要依据之一?

中国古代玉器的纹饰丰富多样，不同历史时期的玉器，其纹饰在构图上、造型上及表现题材等方面上各有特点。无论在哪个历史时期，有什么样的文化风格，就有什么样的纹饰盛行。由此可以说，我们可以从一件玉器纹饰的雕琢上找到它的历史及文化内涵。所以，无论是鉴定出土玉，还是传世仿古玉，纹饰都是重要依据。

486 如何通过不同时期的纹饰特点来鉴定古玉?

纹饰是古玉辨伪的重要依据之一，

图331　纹饰简单的红山文化玉凤

因此纹饰常常被人们作为玉器断代的一个重要标准。比如说，一件伪造玉器，通常在光素旧玉器上雕琢纹饰以冒充古代某时期的玉器。因此，在鉴定这种改作的伪玉器时，要从刻纹处与没有刻纹处原表面沁色和新旧程度上入手，作全面考察，了解真品所在时期的纹饰特点，不要忽略每一个细微之处。如果这件玉器刻纹处色新，而没有刻纹处原表面色旧，或者所刻纹饰也与当时纹样不符，那它就是仿制的。

具有时代特征的红山文化勾云形玉器

487 如何鉴定古玉?

鉴定古玉可以从以下几方面入手：（1）掌握时代风尚和作品风格。由于受政治、经济、文化等各方面的影响，每个时代都有自己独特的风尚和时代特点，因此这也会反映在玉器上。只要掌握玉器各个时代的风格和发展演变脉络就能辨明某种器物产生的上限和被取代的下限，从而有效辨伪；（2）从器形上看，每个特定的时代都有特定的器形，相同的器形在不同的时代也有其独特的时代特点，因此可以从某时代该器形具有的特点来判断真伪；（3）从纹饰上看，前已叙述，纹饰是古玉辨伪的重要依据之一，因此纹饰常常被人们作为玉器断代的一个重要标准；（4）从工艺上看，一块玉必须经过多道工序才能成为一件玉器，琢治时的锯片、钻孔、雕琢等加工情况也是判断古玉真伪的重要标准；（5）从种类上看，由于时代的不同，玉器在种类上也不尽相同，因此也可作为古玉辨伪的一个标准；（6）从玉材上看，不同时代也有不同的玉材，不同玉材制作的玉器价值也不相同，因此能够识别玉材是古玉辨伪的前提条件，同时也要辨别玉材的真假；（7）从玉色上看，不同的玉材有不同的玉色，不同时代的玉材所制作的玉器由于存世时间或出土时间的早晚，又会出现不同的玉色。此外还要注意玉器的沁色，这也是辨伪的一大要点；（8）从文献中求得印证。例如研究汉代从葬玉衣，从其渊源上看，春秋、战国时代的缀玉面幕，发展到两汉的金缕玉衣、银缕玉衣、铜缕玉衣，直至玉衣的消亡，魏文帝禁止“珠襦玉匣”从葬，都找到了文献依据，从而对玉衣的断代得出令人信服的结论。

明代谷纹玉圭

488 如何从工艺痕迹鉴定古玉？

古代玉器一般由手工或半手工制成，而近代或现代的一些伪古玉多为机械化制作，因此真古玉与伪古玉在工艺痕迹上有很大区别。如新石器时代的钻孔多为喇叭状、蜂腰状，孔壁可见粗细不等的螺旋纹，而机械孔壁则较规整，其螺旋纹也比较细密均匀。这是穿孔鉴定的重要方法。往往这种工艺痕迹必须用放大镜才能观察鉴定。

489 如何从氧化程度上鉴定古玉？

玉器的氧化是指玉在各种自然环境下与空气、水及其他物质所产生的化学变化。从矿物学角度上看玉器，它的质地致密程度是不同的，也夹杂一些其他物质，在长时间的化学作用下，质地弱的部分，特别是玉器表面可出现不同程度的侵蚀形成的小孔洞，有的口小腹大，在放大镜下可观察到孔内的化学变化形成的闪亮结晶体，这一点是目前任何方法都不能伪造的。再一种是氧化情况较重，通常在玉器表面钙化形成白斑，程度轻重不一，但自然地覆盖在玉器局部或全部，程度轻的，表面仍有光泽，严重的则侵蚀成粉末。重要一点是：玉薄弱部位通常氧化较重，火烧假玉器就不这样。此外，有个别作伪者利用天然氧化成的玉料作成器，这

汉代玉蝉

宋代仿古玉海水云龙纹簋

须从加工痕迹上看氧化是否具有普遍性。

490 青海玉与和田玉有何差别？

青海玉也属软玉，因市场价格比较低，常常冒充新疆和田玉；但是青海玉与传统的和田玉还是有一些区别的。

青海玉呈半透明状，比和田玉透明度要好，质地也比和田玉稍粗，比重比和田玉略低，质感不如和田玉细腻，缺乏羊脂玉般的凝重感。青海料颜色也稍显不正，常有偏灰偏绿偏黄色，也多有黑白、黑黄、绿白、绿黄相杂的玉料而被用作巧色。青海玉基本都是山料。总之，青海玉水分重，透度高，油性差，细小松散的点状云絮状结构是它的典型特征。玉质里面经常可看见有比两侧玉组织更为透明的玉筋，又称“水线”。盘玩一段时间后颜色会发灰，发暗，上机器磨雕时脆性大，易崩裂。成品有毛玻璃的感觉。

491 俄罗斯玉与和田玉有何区别？

俄罗斯玉多为白色，看上去也有蜡状油脂光泽，因此很容易冒充白玉。它的硬度和白玉一样，故而不能用硬度来鉴别其真伪。这种玉所含石英质成分偏高，因此与和田白玉相比，质粗涩，性硬，脆性高，透明性强；经常日晒雨淋，容易起膈、开裂和变色。特别是将和田玉与俄罗斯玉放在一起加以比较：一个糯，一个粳；一个白得滋润，一个则是“死白”。其高下之别不言自明。同时，敲击时一个声音清脆，一个沉闷，也不难分辨。由于晶体结构不同的关系，俄罗斯玉上机器磨雕时易起性，易崩裂。打磨出来的是充满平板凹陷的麻皮坑打磨面。行家称之为俄罗斯玉打磨面。新疆和田的玉龙喀什河下游产的带皮籽玉或上游产出的山流水玉质地温润细腻，云絮状纹理短而且致密，油性好、韧性足，给人半透明感觉，上机器

青海料臂镯

俄罗斯籽料弥勒佛挂件

磨雕时不易崩裂。籽玉打磨出来的表面润泽干净，有人称作和田玉打磨面。

492 岫玉与和田玉有何区别？

岫玉主要产于辽宁岫岩县，属蛇纹石质玉石，其质地、色泽、硬度和密度都与和田玉不同。目前岫玉开采量大，因量多而贱，故市场价格比较便宜。岫玉颜色多种多样，而白色岫玉不是很多，白色也不纯正，而且玉中有棉絮状物。岫玉由于质地细腻，有一定透明度，呈玻璃光泽至油脂光泽，所以有人常常把它做旧来冒充老的和田玉。但岫玉硬度不高，性软，易吃刀，鉴别的最好办法是用普通小刀刻几下，吃刀者为岫玉，纹丝不入者为和田玉。如果身边没有带刀，只要细看雕刻时的受刀处即可；因为和田玉受刀处不会起毛，而岫玉则有起毛。此外，岫玉手感较轻，敲击时声音沉闷喑哑，不如和田玉清脆。岫玉易断裂，外表边缘常有小的蹦茬。岫岩还产出一种透闪石软玉，俗称“河磨玉”，是岫玉的高档玉种。这种玉石质地细腻温润，颜色有青、青白和白三种，只是温润程度不及和田玉，有些乌涂不透之感，与和田玉比较容易区别开来。

岫岩玉仿古瑞兽

493 西峡玉与和田玉有何区别？

西峡玉产于河南西峡县，矿物成分以蛇纹石为主，摩氏硬度3—5。一般来说，西峡玉比较细腻，没有玉花，有时可见块状、团状棉絮，和田白玉肉眼可以看到细密的小云片状、云雾状结构的玉花。白色的西峡玉是有点发灰的苍白色，夹杂的其他颜色比较鲜艳，黄皮经常用来冒充籽料，皮色显得很嫩，很均匀。西峡玉透光观测时，显得很沉闷，透光性较差。和田玉透光观测时，感觉比较明亮，但又不是很透明，这是由于和田玉的内部结构比较特殊，光线在玉内发生了漫射。西峡玉的硬度比和田玉稍低，摩氏硬度5—6，和田玉摩氏硬度6.5左右，玻璃的摩氏硬度为5，西峡玉虽然能刻画玻璃，但其表面有时会留下伤痕，而和田玉绝对不会。西峡玉表面虽然很细腻，但用10倍至20倍的放大镜观察，就会发现有细小凹陷的麻点，而和田玉既有凹陷又有凸起，有时还可看到手工打磨遗留下来的顺着某一方向的纹路。

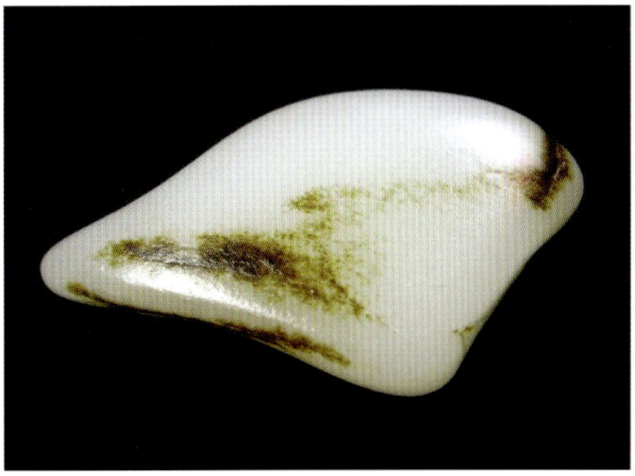

西峡玉籽玉

494 南阳玉与和田白玉有何区别?

南阳玉为斜长石类。玉石质地坚硬、细腻、纯净，具有油脂或玻璃光泽，抛光性能好，透明或微透明。南阳玉为多色玉石，常见为两种或三种以上色调组成的多色玉，颜色鲜艳。玉石种类有水白玉、白玉、乌白玉、绿玉、绿白玉、天蓝玉、翠玉、青玉、紫玉、亮棕玉、黄玉、黄蓉玉、墨玉及杂色玉等。其中水白玉、

南阳玉手镯

白玉、乌白玉与和田玉有些相像。这些所谓的白玉呈玻璃光泽，有的很透，也有半透的，手感较轻飘，整体看上去白中发乌(与发灰或烟青的青花玉全然不同)，但仔细看时又找不到“乌”在什么地方。发暗的白玉又叫乌白玉。南阳玉温润度远不及和田玉。

495 石英岩类玉石与和田白玉有何区别?

石英质玉石色白，质地较刚，外观很像白玉。石英岩类的玉石硬度比和田白玉高，因此比白玉显出更强的玻璃光泽，在没有仪器检测的情况下，可以据此分辨。

水石：这种玉石主要成分是石英岩，其硬度较高，但脆性强，易断裂。内部结构是颗粒状。呈苍白的颜色，光泽看上去较干涩。

东陵玉：常见的东陵玉为绿色，也有蓝色、红色、白色。产地较多，新疆产的东陵玉为白色，属石英岩，粒状结构，光泽强，比重略轻。东陵玉也常用来做

东陵玉手镯

阿富汗白玉貔貅

玉饰品。东陵玉手镯市场价约100元至150元，小挂件30元至50元。市场上还有许多东陵玉的观音和佛，有时绿色的东陵玉经常被用来冒充满绿的翡翠。其他几种与白玉相似的玉石很少用来做饰品，因为价值太低，只用来做大型雕件。

496 方解石类玉石与和田白玉有何区别?

方解石质（碳酸盐类）玉石外观近似白玉，例如市场上所谓的“阿富汗白玉”就是由方解石形成的玉石，其实就是一种大理石，只不过色很白，半透明。这种玉石硬度很低，普通小刀即能刻动，是不难识别的。

所谓的大理岩玉石，又称汉白玉，颜色呈白色，硬度较低，光泽是蜡状光泽，内部结构为水线状、条纹状。有的结晶颗粒较粗，肉眼都能区分出结晶颗粒之间的细小接缝。

所谓的阿富汗白玉主要来自阿富汗，结晶颗粒细小而均匀，颜色洁白，抛光后上油显得细腻而润泽。由于阿富汗白玉玉质细腻而光泽油润，肉眼看不到玉花，经常被用来冒充上等白玉或羊脂玉。辨别的方法很简单，只要用手指甲使劲刮一下，如果能刮下一点白色的皮，就不是白玉。

497 玻璃与和田白玉有何区别?

市场通常还以玻璃等人造料来冒充和田玉，俗称“料”。这方面的鉴别相对不是太难。一般说来，玻璃料颜色均匀，没有自然变化，多数里面有气泡(有的可以通过雕工把料泡做掉)，但是，玻璃料器有的也无气泡；所以无气泡者未必是真货。玻璃料器质料比较纯洁，不像和田玉有绵状等自然结晶状。用放大镜观察，玻璃料的毛孔比和田玉粗得多，断口呈亮碴贝壳状，和田玉则呈暗碴参差状。玻璃料的硬度低，容易吃刀；和田玉则硬度高，不吃刀。把玻璃贴在脸上感觉敏感的部

白料仿白玉鼻烟壶

碧玉璧

位，其凉的程度低于玉。此外，敲击时玻璃声音沉闷，和田玉声音清脆。

498 现代仿古玉主要有哪些材料?

由于仿古玉器需求量大，许多种类的矿石被选做仿古玉材，如岫岩玉、独山玉、东北黄料、河磨玉、密玉、江苏古玉（良渚古玉）、青海玉、俄罗斯白玉、韩国白玉、带浆带花青白玉（新疆玉）、戈壁滩玉、青田石等等。

现代仿古玉器的制作，主要是根据玉器书籍资料。由于书上玉器图样在摄影、制版时的角度和色彩误差很大，而且图样只有正面，少有反面，所以按图画样只能仿其大概。现在讲玉器的书籍中，有些“古玉”本身就是赝品，是厂家照仿制造，变成仿上仿。

499 什么叫“古玉改作”？

古玉改作不易被识破，且能以次充好，因此被作伪者经常使用。从古代流传下来的古玉大件，器形完整者总是凤毛麟角。出于各种目的，改作者尽量按原来器物的造型及纹饰改作成零星小件，或对残器进行补整，对容易暴露庐山真面目的斧凿之痕，重点进行染色、褪光。如一块已经破碎的玉璧，玉贾认为如果照原样出售，大多无人问津，或即使有人愿意收置，买方也不可能出高价，于是，往往根据其残破情况改作。如缺一半，则将尚存的改作璜；如缺一小部分，则改为玦；如

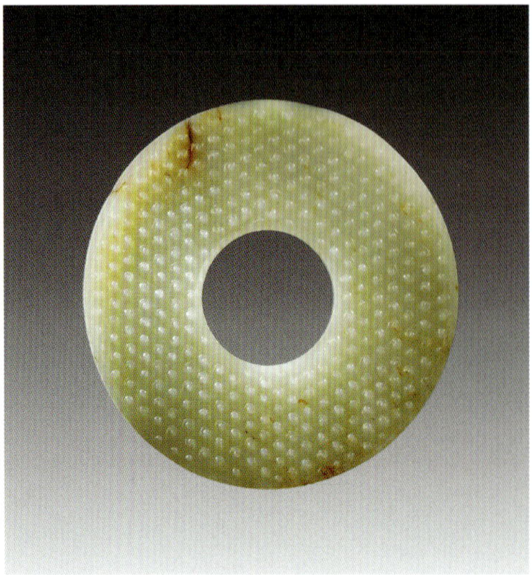

宋仿汉玉璧

拼接而成的古玉

里口残缺，则磨去一层改为瑗；若是外边残缺，则磨去一层改为环。至于补整也不少见，如一件系璧破碎了，则截取完整部分而以颜色相仿的玉甚至是金银补之。这种方法，在爱玉成癖、嗜古成风的中国很早就曾被屡屡发现。

500 什么叫“古玉后雕”？

古玉后雕，指利用未成器形或器形不规整、雕琢不精的古玉进行加工，将素面的或一面有纹饰一面素面的古玉器，重新雕琢纹饰。素面的玉斧、玉圭、玉璧、玉璜乃至玉琮等古玉器是被较多选用的器物。利用新发现的古玉，或加工粗糙的古玉仿造古玉器，据调查，有时高达伪制器的1/10。

501 什么叫“新玉臆古”？

宋代开仿古之先河，所仿古玉似古非古，有时甚至是不伦不类。这在考古资料严重缺乏，断代知识刚开始积累的宋代，确实是难免的。后代仿古者，包括宫廷仿制，也往往采用宋元时代的考古图录如《考古图》、《古玉图谱》等摹绘的许多古玉形状、纹饰仿制。如根据宋聂崇义的《三礼图》中的玉璧图仿造古璧：刻若干株蒲席的所谓蒲纹玉璧，琢几棵稻穗的所谓谷纹璧，此类“杰作”早已贻笑大方。由于此类图录缺乏考古依据，许多又是“拍脑袋”发明，一些稍有考古知识者就能明辨；但是由于时代久远，器物本身已成了研究仿古玉器的重要资料，也不乏研究保存价值。由于这些仿古玉器是主观臆造(创

清乾隆碧玉仿古兽面纹贯耳瓶

造)的产物，我们称之为“新玉臆古”。

502 什么叫“新玉摹古”？

“新玉摹古”是指完全根据出土玉器的形制、纹饰用新玉模仿制作仿古玉器。在这类赝品中尤以宫廷玉匠精心仿制的玉器最难识别。因此，必须更认真谨慎地对待。清朝宫廷对汉代玉器的鉴定和认识极负盛名，所仿古玉器也以这一时期为多。仿造者从器形纹饰乃至雕琢技术都刻意模仿，甚至能逼真地模仿出汉代玉佩上的游丝毛刀方法，线条若断若续，往往使一些有经验的鉴定者也受骗上当。

503 如何从气味上鉴定古玉？

玉器埋藏环境的不同，气味也不同，大多有墓葬味、土腥味，还有传世味。无论是哪种气味，有的即使刷洗也仍然有，这就是古玉的气味辨伪。那些伪造的出土古玉不仅没有墓葬气味，相反有的有刺鼻的化学气味或单纯的土气味。

红山文化勾云形大玉佩

504 何为古玉的“干坑”、“水坑”？

民国时期刘子芬《古玉考》云：“玉器埋藏地中有经过数千年尚完好如初者，有不及数百年即腐烂残缺者，盖地气之燥湿与玉质之酸化、作用之迟远有关故耳。昔人分山西、陕西、甘肃等省为西土，其地出土之玉，玉质干洁，棱角、纹理全无损蚀，最为上品；河北、河南、山东、鄂北、皖北等处为中土，其地出土之玉，表面多锈刨，文理多模糊。然此乃指三代以上古玉而言，若东周，秦汉时旧玉，其玉质之酸化程度尚不至如此。其余东南各省为南土，其地出土之玉多腐烂残缺，且非文化发源地，无三代以上玉器。此外有所谓‘干坑’、‘水坑’者。古代帝王陵冢大抵筑成空穴，穴内有水者谓之‘水坑’，其玉多蛀孔；无水者谓之‘干坑’，其玉多霉菌。又有所谓‘传世古’者，乃自昔流传未经入土之玉。传世古玉与经人盘熟之干洁出土古玉无甚别异，但不能如出土古玉之多有文彩耳。”

505 为何流传下来的高古玉多是出土古玉?

中国玉器的历史悠久，早期的玉器能够不埋藏地下而流传下来几乎是不可能的事。因此流传下来的高古玉，完全是出土古玉。而古代玉器被埋入土中的原因主要有两点：其一是用作葬玉，从目前出土的玉器看，包括祭祀用的礼器、彰显权威的兵器、装饰美丽的饰物和各种器皿等，几乎所有的玉器品种都有被作为殉葬用品；其二，战乱之时，有些非常有价值的稀有玉器被埋藏到地下的情况也不少，许多地方发现了不少这样埋藏的玉器。

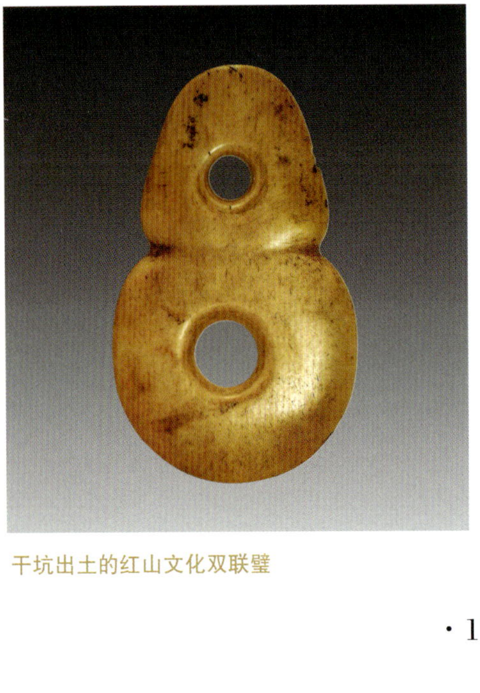

干坑出土的红山文化双联璧

506 古玉为何会有不同程度的伤残?

古玉在长期埋葬过程中会遇上塌陷或渗水冲刷，并且在出土、流传过程中亦会受到磕碰，多遭损伤致残，尤其是高古玉完整者更少。

507 常见的人工致残方法有哪些?

古玉界有句俗话：“天残（缺）不算残，地残情可原，人残不值钱。”人残即玉器的人工致残，常见的人工致残的方法有砣碾致残、砂磋毛道、敲击致残等

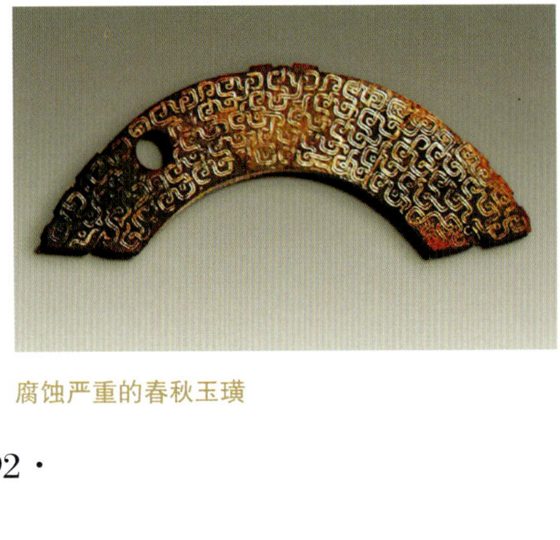

腐蚀严重的春秋玉璜

三种。

砣碾致残，用小型的砣子或钢钻在器表碾出圆形或椭圆形、深浅不一、长短不齐的点坑或线条。

砂磋毛道，即通过保留一部分粗面或抛光后用解玉砂稍加磨磋在器表做出或多或少隐约可辨的毛细划道，像是长期流传于世造成的摩挲痕迹。

敲击致残，即使用一些特殊工具轻轻敲打器身，使其伤而不脱，为掩饰断裂面的新痕，常在这些部位进行染色处理，有些则不惜将器物敲断。

508 何为仿古玉?

仿古玉始于宋代而盛行于明清两朝。清代的乾隆皇帝特别爱玉，也特别喜欢仿古，常诏令玉工按古玉图谱仿三代秦汉之器或商周尊彝之器。仿古玉的常见品种有玉鼎、玉鬲、玉敦、玉簋、玉尊、玉卣、玉觚、玉觯、玉爵、玉角、玉豆、玉釜、玉角觥、玉兕觥等。

509 何为伪古玉?

在仿古玉出现之后，一些古玩商为了商业目的，制作了伪古玉，来冒充古玉，牟取暴利。此类玉器纯属商业产品，单纯模仿前代器物，其琢制工艺粗糙低劣，或貌合神离，或臆造拼凑，是地地道道的伪作。因此，在进行古玉辨伪时，应把仿古玉和伪古玉分开并区别对待。一般来讲，仿古玉价值较高，而伪古玉则是纯粹的假货。

510 宋代仿古玉器有何特点?

宋代仿古玉器以仿汉代为主，也有仿制唐代的玉器。宋代仿古玉器在器物上以尊、鼎、酒器为重点，并有其他各类玉饰，如汉代玉佩、玉剑饰、玉带板、玉璧等，形状模拟古物，但结构要较前代复杂，给人一种似古非古、似今非今的感觉。宋代仿古玉器的纹饰则以兽面、螭虎、云龙、卷草、勾云、蝉纹为主，没有那种极度夸张的饕餮纹。

511 元代仿古玉器有何特点?

元代制作了大量的仿古玉，最有代表性的是玉瓶与玉尊，模仿的对象或是商周青铜尊的造型，或是新石器时代陶瓶的形象，为清代玉器大量仿青铜器、陶器开

明代仿古玉簋

了先河。

512 元代仿古玉器青玉龙纹双耳活环尊有何特点?

此器为仿古玉，青灰色，尊体扁方圆形，直颈，宽腹，高台圈足。两侧兽面衔活环耳，颈部“工”字纹锦地隐起云龙纹，龙身自然弯曲，龙嘴张开，龙须向后披。腹部饰弦纹、夔龙纹及四组重环纹等。雕琢精致，层次清晰，为元代罕见之陈设品。

元青玉龙纹双耳活环尊

513 明代仿古玉器有何特点?

明代仿制古玉的水平极高，当时的著名学者高濂也不由感慨：“近日吴中工巧，模拟汉宋螭玦钩环，用苍黄、杂色、边皮、葱玉或带淡墨色玉，如式琢成，伪乱古制，每得高值！”明代仿古玉大致可

明仿古蟠龙玉觥

以分为三种类型：第一种，造型和纹饰完全仿自古代玉器，这类玉器对清代仿古玉产生相当大的影响。第二种，造型和纹饰都带有明显的时代特点，但通过致残、仿沁等做旧手段来伪造古玉，这类玉器在民间比较盛行。第三种，仿古代青铜器，这类仿古玉在明代最为常见。

514 明代仿古玉鼎有何特点?

宋元时期都有仿制玉鼎的，但仿制最好的是明代仿品，造型既有商周古铜鼎的韵味，工艺又很精细，线条简练古朴。

515 明代仿古玉尊有何特点?

玉尊是明代仿古玉中的一大类器皿。这一时期仿古玉尊造型各异，非常有

明青玉仿古兽面纹鼎

古韵，纹饰也较简洁，有的是按照宋人图谱仿制的，有的是按照宋代瓷器或铜器仿制的。

516 明代仿古玉觚有何特点？

明代有大量玉觚仿制品，多用黄玉、碧玉、白玉等玉材仿制，制作较为自然、逼真，其器形、纹饰较凝练、粗犷。

明仿古玉觚

517 清代仿古玉器有何特点？

清代仿古玉器仿古而不泥古，有三种类型。其一为参照宋元明金石学著录中的造型；其二直接依照旧器物的造型进行仿制；其三借用古代器物的造型，将不同时代的器形有机地融合在一起。乾隆时期仿古玉器惟妙惟肖，达到了以假乱真的境界，将中国古代仿古玉器的水平推向了最高峰。这时期的仿古玉器多刻有“大清乾隆仿古”或“乾隆仿古”等款识。

清仿古玉豆

518 现代伪古玉如何制作？

在现代生产技术和工具高速发展的情况下，现代伪制的水平是越来越高，有时连专家也难以分辨，其具体的制作方法有以下几种：（1）按古玉器样式仿制，这自古已有之；（2）局部照古玉器伪制，这种方法自古也有之；（3）拼接，把不同器物的局部凑到一起，组成新作品；（4）模糊，把玉器表面纹饰做得模糊，很像古玉受蚀的样子；（5）加古纹饰，即在一般器物上加饰古纹饰；（6）颜色做旧，一般为人工染色。

519 现代伪古玉作旧方法有哪些?

现代伪古玉做旧方法主要有三种。

（1）酸性做旧。主要原料是氢氟酸、硝酸或硫酸等，如用含1/10的氢氟酸溶液，将器物浸泡4—10个小时，即产生了所谓白灰皮。

（2）火烧做旧。如先将器物涂上氢氧化钠，再用氧化钙（石灰）把器物裹好，放到火里闷烧两天，烧出的白色称为鸡骨白。

（3）碱性做旧（又称高压做旧）。此法主要是仿新石器时代到战国的器物，做成后器物的色及所谓皮壳能浸到较深的地方，不易鉴别。

东汉玉翁仲

520 何为新玉?

“新玉”是清王朝灭亡后民国以来制作的所有玉器的总称，也称“现代玉”。新玉的制作分为三个时期：其一是解放前的民国时期，这时期玉器基本承袭清代风格，但也有一些适合西方人口味的玉器制品，作品趋于平庸，玉器制作设计简单，工艺也没有创新；其二是解放以后，尤其是20世纪50年代后期，我国的玉器制作行业发生重大变化，中国现代玉器进入了一个新的重传统、再创辉煌的恢复时期；其三即改革开放以后，随着内地经济的发展及与海外经济、文化交流的加快，现代玉器品种更加繁多，工艺更加精美，可以说

黄玉仿古玉璜

是达到了前所未有的高峰时期。

521 新玉、古玉的鉴定有何不同?

新玉的鉴定侧重于真假玉材，质地优劣与雕工的精粗。一般来说，好的玉料仅仅是制作玉器的基础，它的价值还是人工设计雕琢后才能最终体现出来的。玉工水平的高下又是决定玉器品位的重要砝码，好的玉器应在用好的玉料的前提下，达到构图精美和谐，工艺精雕细刻。抚之温润脂滑者为上品。而古玉的鉴定除了新玉的几个基本要求外，还要识别玉器的制作时代，历史上的作用，占有者的身份，还要学会对每一种器物造型的特点（包括局部造型）的综合分析等，而造型的独到，往往又能左右玉器的价值。

522 古玉鉴定的原则是什么?

鉴定古玉应该着重于两个方面：一是辨明真伪，二是判定时代。最主要的是前者，大部分玉器只要搞清真伪，年代自明。凡是有艺术性的，才是永恒的、有价值的，艺术价值越高，收藏价值也就越高。

523 如何认识宋代仿古玉器?

在一定的历史时间内，人们的审美

仿古青玉斧

理想、审美情趣是受特定的社会生活、文化气氛和时代精神等因素的作用和制约的，所以仿古玉的产生也必然与当时的社会环境、文化政策及社会需求有着密切的关系。在中国历史上，宋代重文轻武，推崇理学，同时随着金石学的兴起，人们对古物更加重视，仿古之风应运而生。虽然此时出土玉器不多，但种种迹象表明，当时的仿古玉，多取古代铜利器的造型和花纹以追三代之遗风。画面除了兽面纹、云雷纹、夔龙纹等，有时还夹杂一些本时代的图案，使之相互融合并出现在一件器物上。可见当时玉工在制作过程中似乎并未刻意作假，只是将古代的造型和图纹，根据当时人们的审美需求进行雕琢，以满足文人士大夫们复古的雅兴。可以说，这种仿古玉应是我国封建社会后期皇家贵族、

宋白玉螭龙仿古穿心佩

达官显贵、文人墨客的掌上尤物，具有一定的时代特征和美学价值。

524 如何从雕工上辨识古玉?

由于白玉开采使用历史非常悠久，在中国，不同时代的玉器，做工也不同——纹饰不同。造型也不会相同。由此就可以判断做工的新旧，从而推断出作品的制作年代。玉器的年代越久，它所蕴藏的历史文化内涵也越珍贵，珍贵的程度往往会超过玉器本身的价值。一般情况下，在时代玉质相同的前提下，有工的价值肯定要超过素面的很多。

宋玉雕仿古云雷纹琮

例如同是汉代玉器，有工的兽纹璧就要比素璧价值高。但是，人类早期曾崇尚过“大器不琢”的素面玉器，这种古玉的价值更高，也应该引起重视。

525 辨别伪造古玉的关键是什么?

掌握玉器断代技术，必须从玉料、形状或纹饰等方面来找出伪作的破绽：

1.从玉质上辨伪。古代玉器特别是商代以来玉器，凡贵重器物，都是用优质玉料，如和田玉、南阳玉等，如用次的玉料来制作，就很可能是假货。

2.从沁色上辨伪。伪造古玉者为达到古色效果，使用蒸、煮、烧、烤和酸碱浸泡，甚至用涂绘颜色等方法伪造。但这都表现在玉器表面，与古玉自然形成的沁色有明显差异。

3.纹饰上辨伪。伪造假玉器者常用的

清玉盆景

一种技法就是在素面旧玉器上加刻纹饰以求高价出售。但因其雕琢纹饰与玉器非同一时代，故其刻纹处与没有刻纹表面沁色和新旧程度是不同的，即雕琢纹饰处色新，而原器未刻表面色旧。

526 现代伪造古玉的主要特征有哪些？

现代假古玉的制造有如下特点：

1.按照古玉器样式仿制；2.局部照古器仿制，略微带有变化；3.拼接是各类仿古器物中普遍采用的方法；4.想象臆古，这类作品略有一点古器的意味，但带有很大的想象成分；5.模糊，把玉器表面纹饰做得模模糊糊，细部纹饰似有似无，很像古玉受蚀的样子；6.披纹，即在一般的器物上加饰古代纹饰；7.重色，即仿古玉做旧时，一般都进行人工染色；8.特型，即体积超大或构图复杂的作品较常见，有很强的特殊感。

另外，在鉴定古玉时，要特别注意识别玉料的质量。俗话说：“好玉不做旧。”原因之一是旧玉中好玉非常少，仿之工大价格高。其二，好玉不易沁色。蚀染的色是浮色，浮在表面，没有旧意。所以一般好玉不做旧。做旧的玉中次玉为多，有绺裂或含杂质的玉质地粗糙，软硬不均，蚀变的沁色深浅不一，可深入内部，有与古玉同样的沁色效果。

黄玉雕仿古香炉

527 如何识别修复过的玉器？

识别一件玉器是否经过修复，关键在于细心观察。修复过的玉器除了极个别的以外，总会留下蛛丝马迹。有些破损的部分比较明显，一看便知是修复过的，如金玉镶嵌，被金镶去的部位肯定有残缺，这是明眼人一看就明白的；有些缺损的部位正好比较巧，再加上修复者的巧妙构思，基本或完全掩饰和弥补了原件的不足，如有些一分为二和重新修整过的玉器，即使把它们当作“原璧”对待也不会吃亏到哪里；最难的是那些经过黏合、填补和新补的玉器，稍不留意，就会从眼皮底下滑过去。一分为二或重新修整过，但又不是完全天衣无缝的玉器，如果当“完璧”购藏，也会叫人懊丧不已。因此，看玉器一定要仔仔细细、认认真真，光凭肉眼看还不行，还一定要借助放大镜等工具看；也不能仅看总体感觉，还要看各部位，连最细微的地方也不能放过；还有，不能只是顺光看，还必须逆光看，而且灯光一定要强。只有这样，才能看出毛病来。总之，每当遇到中意的玉器，你都要想到它是否有修复过的可能，多提疑问，多设想各种可能，务必没有一点疑虑再买定。有些古代的玉器小件，看似完整的一对龙或是一只凤，但其实是残件，是从大件中折断出来的，只稍稍把断口磨平，就充作完整的一件小挂件。这除了细心之外，如能熟悉古玉的各种形制，就更易识别。

西周凤纹玉刀

528 为什么说从器形上能够辨别古玉的真伪?

器形即器物的形状和造型。不同时代有不同的形制，这是由不同时代的社会生活、审美趣味和工艺水平所决定的。根

清玉兽面提梁卣

据同类器物在不同时代的发展，就可排列出器物演进的大致年代次序。一般说来，器形是一个时代人类社会生活、审美趣味和工艺水平的综合反映。各个时代玉器的器形既有继承借鉴的一面，又有发展创新的一面，从而形成了不同时代不同的形制。不管各个时代之间有多少继承借鉴，一个时代总是有一个时代的独特风貌。正是依据这些不同风貌建立起古器物的形制，反映着年代次序，才使我们有可能根据形制对一块玉器作出真伪和断代鉴别。

529 为什么说从雕工上能够鉴别玉器的好坏?

雕工对软玉的重要性要超过硬玉，因

清青白玉天鸡盖尊

为软玉开采使用历史悠久，不同时代有不同的纹饰、造型和做工，它们所蕴含的历史文化内涵有时要超过玉本身的价值。撇开这一点不谈，硬玉因为主要是看种、色、水，雕工相对降到了比较次要的地位，而软玉则主要看质、工、色，工的重要性有时超过色。所谓“玉不琢不成器”，雕工对于软玉有着极其重要的意义。一般雕工主要看三个方面：一是看工的新旧，年代越久，文物价值越高；二是看工的内容，凡是有创意，不常见，或是讨口彩，为喜庆吉祥图案的，价值就较高；三是看工的精细程度，有精细做工的，自然价值越高。

530 玉制成后发生的色变主要有哪几种?

玉制成后发生的色变主要有以下几种：

（1）玉材在空气中的氧化。玉材暴露于空气中会产生风化，主要的变化是氧化，如人们在相玉时，经常要透过玉璞去猜测里面的玉色，而多数玉璞的外皮与内部玉料成色不一。从岩石学角度上看，玉璞外皮与内核为同一种岩石，成色上的差异是由风化所造成的。玉材在空气中会出现风化或颜色上的变化，但这种风化和颜色变化视材质的细密程度而不同。质地坚细的玉料所产生的风化要小，或者不产生变化；质地松散的玉料产生的变化较大。还有很多被采集到的玉材，表面莹润，几乎没有色泽上的变化。玉材在空气中被氧化而产生色变的过程是非常缓慢的，一些玉器在自然状态下置放数百年，表面色泽几乎没有变化。

（2）玉器在墓葬中产生的颜色变化。古墓中出土的古玉器，多数都带有颜色变化，变化产生的原因，可能是墓中随葬物所含化学成分所致，也可能受土壤中化学成分的侵蚀所致。对这一问题，古人曾给予了很大的注意，称为“沁色”，意即墓中或土壤中的某些成分渗入或沁入到

受沁的战国玉璜

了玉中，使玉产生了色变。

（3）人工盘摩。玉器制成后，经过使用者一定时间的手工摩擦，或与人体的长期接触，表面光泽会更润，透明度会略强，尤其是入过土的古玉器，经过盘摩，颜色还会产生变化。

531 何为人工染色？

对玉的人工染色是从宋代开始的工艺，只要存在着对古玉颜色的追求，就存在着人工染玉的可能。最初的人工染玉仅是追求玉器美感，随着伪古玉的出现，人工染色便成为仿古做旧的重要手段。

532 何为沁色？

玉器长时间埋藏在土中，多受到地热、地压、土壤酸碱度和所含矿物质元素的影响，颜色会发生变化，所产生出来的颜色叫“沁色”。清代刘大同《古玉辨》中说：“凡古玉出土，受色沁者，品类綦多。有不受色沁，而亦不受土蚀。形似传世古者，此玉之最坚者也，颇不易得；又有身多土锈，而无他色沁者。含玉最少。含玉受一色沁者名曰‘黑白分明’，又曰‘天玄地黄’；受三色沁者，名曰‘三光照耀’，俗名‘三元及第’，广东南洋名曰‘桃园结义’；受四色沁者，名曰‘四维生辉’，又名‘福禄寿喜’；受五色沁者，名曰‘五星聚魁’，又曰‘五福呈祥’，通称之为‘清五采’；受群色沁者，多至十五六色不等，名曰‘群仙上寿’。”

古玉鉴赏家们在鉴别古玉时，往往要观察沁色，以此作为断代的参考。了解和掌握玉器沁色的变化规律，对鉴别玉器很重要。

受沁的西周青玉戚

533 清代刘大同《古玉辨》中记载的沁色有哪些？

清代刘大同《古玉辨·玉之受沁》中记载的沁色有：“红有鹤顶红、人参朵、朱砂片、燕支斑、鸡血红；黑有乌云片、淡墨光、黑漆古、金貂须、美人髻；紫有茄片紫、玖瑰紫、羊肝紫、紫檀紫、紫灵芝；青有铁莲青、竹叶青、鰕子青、熊胆青；绿有松花绿、苹果绿、蕉牙绿、瓜皮绿、鹦鹉绿；黄有蜜腊黄、米色黄、鸡蛋黄、秋葵黄、栗色黄、老酒黄、黄花绿、黄杨黄；白有鸡骨白、象牙白、鱼骨白、糙米白、鱼肚白、梨花白、雪花白。又有梨皮、桔皮、象皮、骆驼皮、黑蚓迹、鱼子斑、鱼脑冻、蚂蚁脚、鹅眉黛、牛毛纹、鹧鸪斑、蛤蟆皮、荔枝核、冬瓜瓤、烂豆豉、石榴子、碎瓷纹、槟榔纹、洒珠点、古铜色、细罗纹、银灰色、瓦灰色、冰糖块、雨过天晴、梅花数点、长虹贯日、太白经天、金星绕月、玉带缠腰、红日东升、秋葵西向、孤雁宿滩、苍龙浴海、桃花流水、银湾浮萍等名。受沁之原，不易深究，见地气化和万物，奇奇怪怪，变化无穷也。但论色沁，无论何色，以透为贵，次则巧沁，虽薄如玉皮，轻如蝉翼，亦有逸趣。”

战国双龙首玉璜

534 沁色是如何形成的?

沁色主要与地理环境、埋藏环境、埋藏时间等因素有关。（1）地理环境的影响。地理环境因素中对沁色影响最大的是土质。清代鉴定家刘心瑶在《玉纪补》中说：“西土者，燥土也；南土者，湿土也。燥土之斑干结，湿土之斑润缛。干结者色易鲜明，润缛者色终暗淡。土斑而有斑痕者，少土物也；无土斑而有斑痕者，水坑物也。西北亦有湿土，东南亦有燥土。近水则湿，远水则燥也。”（2）埋藏环境的影响。古人在敛葬时，有的用石棺，有的用木棺，也有的直接将尸体掩埋在土中。此外，出于不同目的，古人往往会在尸身旁放置石灰、朱砂、水银等不同的物质。这些物质长时间和玉器埋藏在一起，其物理性质和化学性质对玉器的颜色也会产生很大影响。（3）埋葬时间的影响。玉器受沁还有个时间长短的问题，时间短就不可能受沁。

西周凤纹玉璜

535 何为石灰沁?

石灰沁为白色沁，也叫“水沁”，古人认为乃玉器受石灰沁入而成。清代刘大同《古玉辨》云：“玉受地火者，皆变为白色，俗称为‘石灰沁’，即今所谓‘鸡骨白’、‘象牙白’者是也。按：鸡骨白为白玉质，象牙白为黄玉质，犹有淡青者为鱼骨白，其质乃青玉也。以地中无天然之石灰，而有天然之地火。凡玉经火，其色即变为白，形同石灰，犹之石见火，黑者、赤者亦变为白，而白者用火后更白，故俗名之曰‘石灰沁’也。玉为石之精，故其性无殊。今见人之移冢者，开圹后木棺被地火焚毁。往往有之，即此足见玉受地火亦然。或云筑圹修墓，所用砖瓦石块，必须石灰灌浆，方能结成一片，是古墓中必有石灰，故为古灰沁。此说亦似近理，但不如地火之说为可据也。盖以石灰沁玉变红色，与受地火之玉色皆变白者不同，故不得袭谬沿讹，通名之曰‘石灰沁’也。”

夏代玉戚

536 何为黄土沁？

黄土沁也叫土沁，古人认为玉器受土沁入而成。清代刘大同《古玉辨》云：“受黄土沁者，色如甘栗，名曰甜黄。”黄色沁系还有米黄色、鸡蛋黄、秋葵黄、老酒黄、黄花黄、黄杨黄、鳝鱼黄、虎皮黄等。

537 何为松香沁？

古人认为松香沁为玉器受松香沁入而成。清代刘大同《古玉辨》云：“受松香沁者，色如蜜蜡，名曰老甜黄。”

538 何为水银沁？

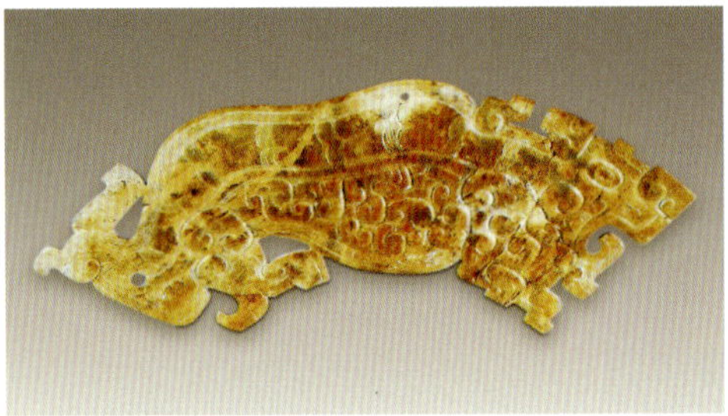

战国玉琥

古人认为黑色沁为水银沁入而成，是古玉中较为珍贵的色沁。清代刘大同《古玉辨》云：“水银沁，有地中之水银，有殉葬之水银。殉葬之水银，有大坑、小坑之别。大坑水银，皆帝王列侯所用，其沁入之深厚与小坑不同。有一器而全体皆黑者，有一器而半身皆黑者，三代之物最多，秦汉次之，两晋以后即不多见矣。水银沁大则成片，小则成块，细则成线，皆因玉质坚与不坚而分，但色黝黑，而亮光则一也。若地中水银所沁，有浅黄色牛毛纹者，有露白点冰片纹者，虽露有淡黑色，充与葬殉水银迥不相同。常见古玉黑白分明，一半大坑水银所沁，一半地中水银所沁，地中水银轻如流水，故所沁者形似鱼脑冻，人见之以为玉质之脑，非也。大坑水银所沁者即成黑漆古矣，况玉脑色与玉质无异。地中水银沁则变为黄白，或微黑微青，皆因地气使然也。此不可不辨也。”

西周龙纹玉璧

539 何为黑漆古?

玉器的“黑漆古”是指玉器在墓葬中长期受到水银的侵蚀而形成通体的黑色沁色，是水银沁的一种。

黑漆古剑璏

540 何为血沁?

血沁为紫红色沁，古人认为是殉葬玉器在地下受尸血沁入而成。清代刘大同在《古玉辨》中说：“受血沁者，其色赤，名曰‘枣皮红’，深者名曰‘酱紫斑’，此乃近皮之物也。或云血不能沁玉，以人死血枯竭无生气，必因地气所熏，与他物混合为一，方能沁入玉内作深紫色，此一说也。”

541 何为铜沁?

绿色沁为铜沁，古人认为是受铜锈沁入而成。清代刘大同《古玉辨》云：“受铜沁者，色如翠石，名曰‘鹦哥羽’。铜器入土，年未久即生青绿色，年久则尤甚，玉与之邻，为其传染沁入。复原时，比翠石更娇润。但用热水洗之，含有铜臭气耳……”

542 何为靛青沁?

古人认为青色沁为玉器受靛青沁入而成。清代刘大同《古玉辨》云：“受靛青沁者色如天青，名曰‘天青’，此系青衣之色，传染沁入理者，深如兰宝石者，名曰‘老甘青’。”

白玉带沁驼龙镇纸

543 现代的伪制“沁色”手法有哪些?

现代的伪制“沁色”手法有以下几种：（1）酸化造沁，如用氢氟酸、硝酸或硫酸浸泡，伪造蚂蚁脚、虫蛀等巧沁和灰皮；在酸液中加入朱砂或高锰酸钾，用来伪造黄沁、红沁；酸液中添加硫化汞，伪造黑沁。（2）碱化造沁，又称“高压造沁”，多用来伪造石灰沁和玻璃光。（3）电击造沁，主要是电蚀法。电蚀法即通过电解作用在玉件表面染上“沁

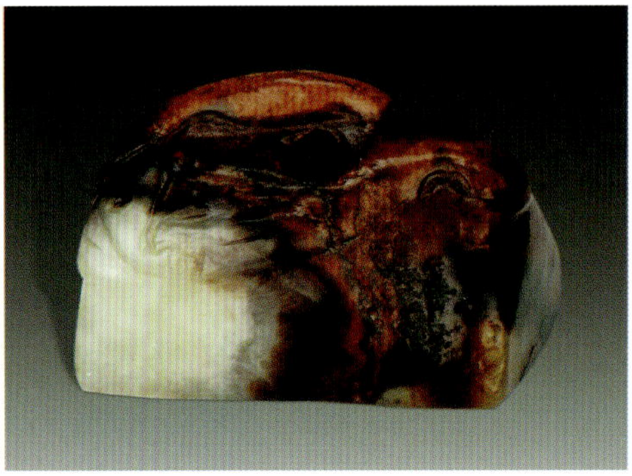

白玉褐沁龙纽方印

色”。（4）新老结合法，就是在传统的作旧方法中加入现代的科技内容以制造出令人眼花缭乱的各种沁色。

544 何为古玉器伪造土锈法?

伪造土锈法是玉器作伪法之一，产生于乾隆年间，清代刘大同《古玉辨》云：“相传无锡有叩锈之稳称，因阿叩善作毛坯玉器，用铁屑拌之，热醋淬之，置湿地十余日，再埋于通衢数月，然后取出。玉为铁屑所凶蚀，浑身桔皮纹，纹中铁锈作深红色，煮之即变黑且有土斑，不易盘出，宛如古玉，审视之方能辨，凡玉有土锈，以灰提之而不出者，皆赝品也。”

545 何为古玉器伪造血沁法?

清代刘大同《古玉辨》云：“杀一狗不使出血，乘热纳玉于腹中，缝固不使透气，埋之通衢三五年后取出，自有土花血斑，以伪土古。用纯黑之狗，胜于杂色之狗，但雕琢之痕，新鲜之色，未有不露骨者。此不可不辨也。”此为用动物血伪造古玉上的血沁。此外还有其他办法，如将仿古玉放在火中烧之，等热时取出，抹上血竭或其他红色颜料，凉后再烧、再抹，如此反复多次，直到颜色沁入玉中。

红沁教子螭龙坠

鸡骨白双螭鸡心玉佩

546 何为古玉器伪造鸡骨白法?

清代刘大同在《古玉辨》中说："世之造鸡骨白，象牙白者，以炭火煨之，趁灰未冷时，用水泼于其上，取出宛如古玉之受地火矣。但体有火劫纹而不能去，真者无之。盖一出自然，一出强造，最易辨也。况伪造之器，全身已经火烧，玻璃不能露出，昏顽不灵，直同朽烂之石。玉性去矣，此更易辨者也。"这种伪造出的"古玉"由于经过火烧，没有了玉的温润透明的光泽，如同朽烂枯石一样，毫无灵气。并且火烧后玉器表面易形成的细裂纹，而真鸡骨白是没有的。

黄玉红沁辟邪

547 何为古玉器伪造的"老提油"法?

清代刘大同《古玉辨》云："虹光草，似茜草，出西宁深山中，汗能染玉。再加脑砂少许，燃以竹枝烤之，红光自出。此法名曰'老提油'，今已不多见矣。"

清代陈性《玉纪》云："虹光草出甘肃大山中，其汁能染玉。用草汁入硇砂少许，抹于玉之纹理间，用新鲜竹板燃火逼之，则深入玉之肤里，红光自面透背。时人谓之得古法，赏鉴家偶失于辨，或因之获重价焉。此等今颇少识家，呼为'老提油'者是也。"

这种方法造出来沁较为难辨。清代刘心瑶在《玉纪补》中说："颜色亦鲜明夺目，唯色皆成片，无牛毛、蚌壳等纹。"

春秋红沁龙凤玉佩

548 何为古玉器伪造的“新提油”法？

清代刘大同在《古玉辨》中说：“‘新提油’法，用乌木屑煨之色即黑，用红木屑煨之色即红。今玉伪造多用此法。”

清代陈性在《玉纪》中说：“比来玉工，每以极坏夹石之玉染作。欲红，则入红木屑中煨之，其石性处即红；欲黑，则入乌木屑中煨之，其石性处即黑。谓之‘新提油’。”

清代刘心瑶《玉纪补》则说：“先用色染，再放于滚油锅中炸透，然其色外浮，纵有血丝亦浮于外面，甚有红白相间，即玉贾所谓‘猪油炖酱’者，细察中发空色，不似真旧，光由内吐，俗谓‘油炸鬼’是也。”

549 何为古玉器伪造黄土锈法？

春秋黄玉红沁螭龙纹玉佩

民国赵汝珍《古玩指南》云：“将玉器满涂以胶水，然后埋入黄土泥中，其埋藏时间愈久，则所生之黄土锈亦愈似。”

550 何为古玉器伪造黑斑法？

民国赵汝珍《古玩指南》云：“造黑斑之法有二：一系将玉用水煮热，架铁篦之上，用火烧之，随烧随抹蜡油，不拘时刻，以黑斑已成为度。一法系将玉料按古式作成，然后用旧棉花泡湿，将玉包好以柴火烧之，火力有宜过猛，旧棉干时再用水浇之，浇水之时能须注意不可使其冷热不匀，至有破裂之虞。待黑色入骨，不浮其上，亦不发白，而斑即成矣。按，造黑色斑不可使全体一色，以占有三分之一

明黑斑白玉猫

者为美，且颜色有深浅不同者为妙。”

551 如何伪造陈墨黑色？

用新玉制成器件后，用黑色的乌木屑或暗红色的红木屑煨烤，将石膏粉贴在想保留原有玉质的部位，其他地方都能沁上颜色，只有贴石膏的部位颜色进不去，其效果与受水银沁的古玉相似。

552 如何伪造“传世古”？

把玉埋入羊腿皮内，主要用来伪造“传世古”。清代刘大同《古玉辨》云：“玉器小者，用刀割生羊腿皮，置于其中，再用红线缝之，不使出血。经三年后取出，玉带红绿，宛如旧物。但盘热时嗅之，微有腥味。”

553 如何伪造“水坑古”？

清代刘大同《古玉辨》云：“质松之玉作成古物，用重乌梅水煮一昼夜，其松处被滚水搜空，宛如水激之痕。再用油法上色，俨然水坑古矣。但玉质太松，其水激痕究不如真者之出于自然，不著形迹耳。”

554 如何伪造琥珀玉？

琥珀玉以琥珀为染色颜料，将其涂入

局部变化的伪古玉

玉质原有绺缝中；或用金钢钻在玉上刻画出斑点，在斑坑填入琥珀质染料，再用温火烧烤。

555 何为古玉器伪造的灰提油法？

清代刘大同《古玉辨》云：“用木

贼草、栗色杰泡水，加入银硝少许，盛于瓦罐中，将玉悬挂中间，用栗炭火煮之，水浅即添，以提出玉中水银，灰土，浊气为度。有铜绿、金银沁者，不可用此法，宜用人乳熏之。若未经出土之玉，有但不可用灰提，并不可用滚水煮，以其燥伤玉质耳。”

556 何为古玉器伪造的油炸法？

“油炸法”是伪制牛毛纹沁的方法

模糊纹饰的伪古玉

之一。清代刘大同《古玉辨》云：“若用油炸，皮多裂纹，似牛毛，又似水纹。但体已酥，不能久存。外露浮光，愈盘愈黯，久即成蜡，肉色精光已去，有形无神，故名之为‘油炸鬼’。”

557 如何识别古玉器的伪制虫蛀烂斑？

锈工法主要用来伪制虫蛀烂斑。清代徐秦基《玉谱类编》云：“有名锈工，则用乌梅水与硝磺、铁屑和玉同煮，更兼久侵，则成烂斑，宛如水锈作虫蛀孔，颜色并能深透……锈工于盘醒后，其色深黄，历久不退。热水泡后，真出土者颜色泛白，如系锈工，则色转黑而光亮。”

558 如何通过“沁色”辨识红山文化玉器？

考古发现的红山文化墓葬有石棺墓和土坑墓两种，石棺墓一般在辽宁朝阳市

火烧作旧的玉器

境内较多发现，土坑墓多出现在内蒙古赤峰一带，全都属于较为干旱的地区。石棺墓用石板结合黏土夯实而成，结构坚固，保存较好，墓中渗入沙土很少，不容易受沁；土坑墓容易坍塌，殉葬玉器容易和沙土混合在一起，但所处的环境比较干燥，有受沁现象，但并不严重。

总体来说，红山文化玉器受沁情况并不严重，大多还呈现出玉的本色，蜡状光泽。少数有受沁情况，有的表面有很浅

红山文化青黄玉玉璧

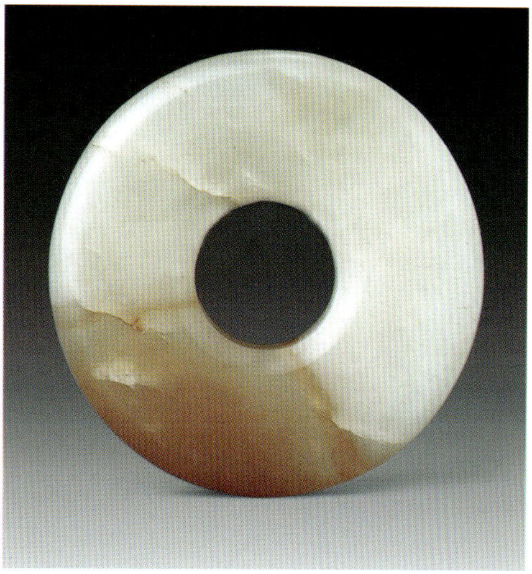
龙山文化玉璧

的一层雾状白色水沁，有的有黄褐色土沁，还有的白玉作品上呈现出黑色的水银沁。良渚文化普遍存在的鸡骨白沁，在红山文化玉器中很少出现。另外，有一些作品上还带有玉璞上的石皮。

559 如何通过“沁色”辨识龙山文化玉器？

龙山文化玉器软玉多白色、浅白色、灰白色，另有青色、青绿色、黄色、黑色等。绿松石多天蓝色、蓝绿色、绿色和带蓝浅白色。玉髓色呈绿、红、黑、灰白等。

龙山文化区域辽阔，地区不同，气候环境和地质环境不同，再加上所用的材料不同，所呈现出来的沁色不尽相同。总的来说，龙山文化玉器的沁色主要以赭色土沁、红色沁为主，也有褐色、黑色、白色等。

560 如何通过“沁色”辨识良渚文化玉器？

良渚文化地处素有“鱼米之乡”的太湖地区，地势较低，河汊密布，埋藏在地下的玉器绝大多数长期受沁而变为鸡骨白色，失去了原有的半透明光泽。极少数受沁较少，仍保持了原有的黄绿色等玉色。

561 如何通过“沁色”辨识商代玉器？

商代玉的沁色多种多样，其中最明显的是鸡骨白色，纯白无光。有的玉器仅在边缘处局部有沁色，有的是整体沁色。

良渚文化高型玉琮

酸性做旧的玉器

另外有些商代玉器上有较重的褐色沁。

562 如何通过“沁色”辨识西周玉器?

西周玉器玉材复杂，玉色繁多。和田玉多呈乳白色、浅白色、青白色、青色、灰青色、黄青色、黄色等，其他玉石多呈月白色、青绿色、天蓝色、淡绿色、茶褐色、黑色等。

西周玉器的玉材多样，遗址分布的范围很广，环境有很大差异，所呈现出来的沁色不尽相同。西周玉器常见的沁色有鸡骨白色、土黄色、褐色、水银沁等。

563 如何通过“沁色”辨识秦汉玉器?

秦汉古玉器黑漆古成片但薄，水银沁不如前代，此外还有石灰沁。秦汉玉器受沁通体一色，但石灰沁已有深淡之分。

564 如何通过“沁色”辨识唐宋玉器?

唐宋玉器沁色不如前代，在盘玉过程中极易变色。比如唐宋玉器中的石灰沁，颜色较淡较薄，已露玉器自然颜色，盘熟后色略变红。

565 如何通过“沁色”辨识明代玉器?

明代玉器的沁色已不能侵入玉的肌理，因此在玉器的表面难以形成沁色。即使有，大部分露玉质，易盘。

碱性做旧的伪古玉

清龙纹仿古玉瓶

566 何为"清代古玉沁色十三彩"?

据文献记载，古玉有十三彩，即酱紫斑、灵芝紫、枣皮红、鹤顶红、石榴子、黑漆古、水银沁、金貂颜、梨花白、娥眉黛、鹧鸪斑、熊胆绿、珀黄等，巧妙利用比喻，生动形象。另外，还有的以沁色形成的图案来描绘沁色本身，如蟠龙闹海、金星望月、天地玄黄、群仙上寿、日贯长虹、万福攸同等，不一而足。

567 如何辨识古玉的玻璃光、油脂光与蜡光?

清代刘大同在《古玉辨·古玉出土之变相》中说："玉出土，有形如瓷片者，有形如瓦片着……有带玻璃光者。此种形形色色，愈古愈怪，真令人难测。"这里提到的玻璃光，应为古代玉器所用玉石的光泽。大多数玉石都有玻璃光泽，其所制成的古代玉器经由次生变化的风化作用后，玉石的玻璃光泽转变为其他的特殊光泽效果，常见的有油脂光泽、蜡状光泽等，而带玻璃光、油脂光和蜡光的部分，应为古玉未受沁的部分。

568 何为饭糁?

饭糁是玉石在地层下受到湿度与温度浸染的一种质变现象，在玉器内部呈现不规则的白色颗粒，如同煮熟的大米稀粥，故名。"糁"的原意是饭粒。因其形状如白色的竹花，也称之为“玉花”、“玉英”、“玉液”、“玉雪”、“玉糁”等。也有人认为饭糁是一种色沁。

569 何为玉窗？

宋巧作鲤鱼佩

玉窗是是指玉器没有受沁而露出玉石本色的地方，也称“玉池”、“玉肤”。

汉羊觥

570 何为包浆？

包浆通常是指玉在各种环境中，由其他物质附在玉器表面形成的一种物质。主要有四种形式：一是土壤中可溶性矿物凝结物；二是玉器表面附着有墓土或腐烂杂物；三是传世品上的污垢；四是经过收藏者长期在手中玩赏摩挲，表面所形成的一层油脂状光泽。

571 何为黄斑？

一些青玉、白玉制品往往带有黄斑，这些黄斑可分为玉皮色、沁色、染色三类。其实，在考古发掘中很少能见到带有黄色沁色的玉器。个别玉器上的黄色斑，很可能是原来的玉皮；传世玉器上带有的黄色斑块，往往是人工染色。因而遇到带有黄色斑的玉器，应认真分辨。

收藏投资篇

572 古玉收藏应如何入手？

收藏古玉时，可以按照质优、工精、色巧、形奇的原则进行收藏。质优是指所用玉材为上等的，优质玉材对于一件玉器至关重要，如玉质、玉色、光泽、致密度、绺裂等都是玉材等级的要素；工精是指雕琢非常精细，纹饰繁简疏密统一和谐，这种玉器极其珍贵，反之则收藏价值锐减；色巧是指利用巧雕工艺的俏色玉器，构思奇巧；形奇即指玉器的造型有创新性或为当时玉器的标准器之一，这种玉器极具收藏价值与鉴赏价值。

573 收入低的收藏者应如何入手？

古玉收藏不是有钱人的专利，其实收入低的收藏者也有门道收藏古玉，可以从低档玉器入手。如明清时期的一些小玉件，这些小玉件其实也并非低档，做工也非常精细，只是大多是民间玉器，流传下来不如宫廷玉器那样传承有序，散落民间，因此在一般的古玩市场也能见到这种小玉器。其实这也为收藏入门者提供了很好的机会。

民国翡翠寿星山子

574 初级入门者需要注意哪些问题？

（1）勿贪便宜，谨防上当受骗。所谓“一分钱一分货”，对于初入门还不精于鉴别的收藏者来说，切忌贪便宜而大量买便宜货。

（2）宁精勿滥，重在收藏质量。对于收藏来说，精品意识相当重要，即收藏必须走少而精而不是多而杂的路。否则，东西再多，档次不高，充其量不过是开小杂货铺，永远成不了收藏家。

（3）由低到高，逐步提高档次，提倡循序渐进，逐步提高。收藏不能急于求成，更不能急功近利。有了这样的心态，积累了相当时间，自然会有可观的收获。

（4）专题收藏，集中形成特色。收藏时可以把自己收藏的方向定一个专题，如可按历史年代分“唐代古玉”、“宋代古玉”、“明清古玉”等，可按用途分“古代佩玉”、“古代礼玉”、“古代山子”，也可按具体器物分“玉琮”、“玉璧”、“玉鸟”、“玉龙”、“玉人”、“玉杯”、“玉带钩”。

清仿古玉觚

红山文化玉猪首龙形佩

575 古玉收藏有何意义?

埃及博物馆学家马赫茂德·梅萨兰指出：收藏保存了民族的遗产，并不断地发展人们的知识，帮助人们去认识和保护自己的世界，使他们为更美好的生活而努力。这一论述非常精辟，其实玉器收藏的重要意义也在于此。此外对于个人而言，收藏也是极具意义的，欣赏自己或他人的丰富藏品，也是一种享受，能陶冶情操，其乐无穷。

576 高古玉有何收藏价值?

高古玉因其年代久远，保存下来的玉器大多有伤残，或失去玉色变得不美，因此在国内玉器市场一直没什么地位。然而近几年却有升温，尤其是红山文化玉器，如2003年红山文化的一件玉猪首龙在北京瀚海以154万元拍出，价格非常高。在此带动下，高古玉器市场开始复归，涨幅惊人。这应是高古玉的历史价值及艺术价值的回归，毕竟高古玉是中国玉文化的源头，更能体现中国玉文化的真谛。

577 仿古玉有何收藏价值?

仿古玉不同于伪古玉，仿古玉除了模仿古代纹饰和造型外，主要还带有本时代的风格。做仿古玉往往是受好古之心驱使，重在研究与欣赏，为的是继承祖辈的制玉技艺。玉工用自己的审美观，创造出既有古玉风格，又有本朝特色的玉器。因此仿古玉在雕琢技艺上达到了很高水平，作品的品味极高，在中国玉文化发展史上也占有一定地位。尤其是宋代带有“宣和”、“政和”等款，清代带有“乾隆仿古”、“大清乾隆仿古”等款的仿古玉，收藏价值非常高，有些仿古玉价值不低于真古玉。只是在收藏仿古玉时要剔除伪古玉。

清青玉仿古天鸡尊

578 收藏投资古玉有哪些风险？

收藏投资古玉最大的风险在于赝品问题。同其他艺术品一样，玉器的赝品也是自古有之，发展到现代，更是达到了以假乱真的地步。面对各种各样的赝品，就只能靠收藏者的经验和眼光了。收藏古玉的真伪决定着古玉收藏投资的成败与否。

清羊纹玉尊

此外收藏投资古玉还要注意信息的掌握。很多收藏投资者无法准确判断市场上古玉真正的价格，在这种情况下一定不要跟风走，警惕炒作，要多方面了解。还有收藏投资者的心态问题也是收藏投资古玉的风险之一，收藏投资古玉的风险是不可避免的，这就需要收藏投资者积极调整自己的心态，保持冷静以应对这些风险。

579 为什么说收藏玉器前景看好？

第一，玉器是中国文化连续不断的象征物，是一项长线收藏。玉器用途最广，历史最长，且独具魅力。事实证明，玉器的长线收藏比短线收藏效益好，因为它内在的历史文化价值是无法估量的。第二，优质的玉料越来越少，玉器价格越来越高。新疆和田玉、南阳玉、岫岩玉

现代“含香凝聚”翡翠香薰

等目前虽在大量采掘，但据地质部门权威人士估计，再过20年，这些玉矿也将基本采掘枯竭。第三，玉器小巧玲珑，既便于收藏，又便于把玩，这为玉器收藏提供了广阔的前景。综上所述，玉器可谓是收藏品中的“宠儿”，升值潜力大，投资风险小，必定会被更多的收藏者看好。

580 值得收藏的古玉有哪些?

中国玉文化历史悠久，古代玉器更是多如牛毛，面对如此浩瀚的玉器，哪些玉器的涨幅还会很大呢？哪些玉器值得收藏呢？可以从以下几点考虑：（1）真正的古玉。真正的古玉难以辨识，尤其是唐宋以前的，这些玉器一直价格偏低，直至近年才有所升温，因此收藏这些古玉有很大的价值空间。（2）和田玉青白玉、白玉、翡翠等制成的玉器价格还有大幅上调的可能。（3）做工艺术水平高的玉器作品，也就是卖相好的玉器，只有好玉与精工相结合，才有收藏价值。（4）名家作品或名品，如乾隆玉器等。

民国翡翠福禄寿三星

581 “乾隆玉”为何受宠?

狭义而言，“乾隆玉”指清代宫廷造办处按照乾隆的口味组织设计制作的仿古玉器；广义而言，“乾隆玉”则为清乾隆时期所产玉器的统称。器物设计精巧，工艺细致，用料考究，因而颇受收藏界喜爱。如果上有乾隆御题，更是身价百倍。

582 何为盘玉?

所谓“盘玉”，是民间流传的一种赏玩玉石的方法，通过盘玉，可以使色泽晦暗的玉石整旧如新，并使玉石的颜色发生很大变化。历代的玉石大收藏家都懂得盘玉，这是一种“功”，就像茶道一样。

清代刘大同《古玉辨》云：“出土古玉，以还原为贵，欲古玉还原，非盘之不为功，但盘有难易之别：易盘者，其质地轻松，故色沁虽浓厚，亦易盘出；难盘者，其质地坚洁，故色沁虽浅薄亦难盘出。是以三代以上之玉，色沁薄，亦非数十年之盘功不能生效。……秦汉之玉，盘须十余年。六朝之玉，色沁虽极透，但盘之二三年，即状如水晶。谚语云：旧玉盘三伏，犹胜三年余。盖以三伏炎热，金石皆能出汁，故易盘耳。若严冬盘出，非在暖室不易生效。凡嗜古玉者，皆欲亲自把玩。如生坑而能经新手盘出者，较之熟坑则尤妙。此中原理，以亲手所盘之玉，年愈久情愈深故也。”

清代把盘玉分为三种，即文盘、武盘和意盘。文盘指假以时日慢慢把玩盘摩；武盘指不间断地摩擦，由此观察古玉的变化；而意盘则有神秘的成分，说这种盘摩需要加入人的意念，指示局部色泽的变化。

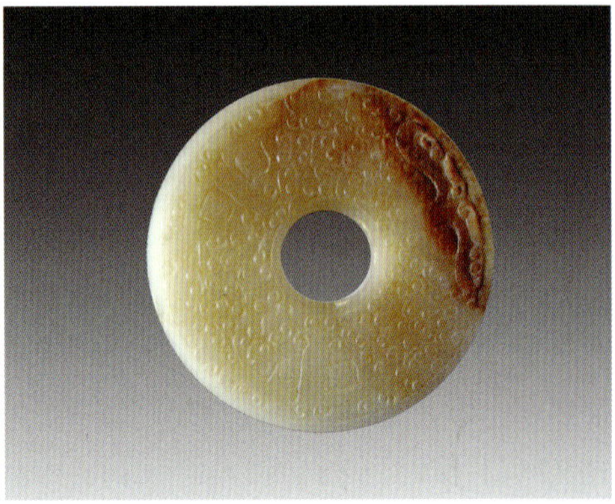

战国兽面纹白玉璧

583 为什么说收藏玉器要新旧兼顾?

中国历来是一个崇尚古文化的国度，也有收藏古玉的传统。古玉因为承载了丰富的历史内涵，体现了独特的时代烙印，具有历史价值、文化价值、研究价值，所以多年来一直是人们追捧的对象，许多传世古玉早就被各级文物部门和成千上万古玉收藏者们纳入囊中。古玉有着不可再生性，它的存世量毕竟有限，而藏家们对古玉青睐有加，导致其价格节节攀升。在利益的驱使下，大量仿古玉充斥市场，甚至可以说到了赝品泛滥的

商代玉龟

程度。

在古玉日趋稀少、货源紧缺和价格不断上升的趋势下，藏家要克服厚古薄今的观念，不能把眼睛只盯在古玉上，而忽视新玉的收藏，要做到古玉和新玉并重。由于大量雕琢工具的开发运用，当今玉雕艺人们的技术水平可以说是达到了前所未有的高度。另一方面，现今艺人大多经过系统的学习培训，艺术素养也日益提高。客观地讲，新玉精品代表了当代玉雕工艺的新水平，同古玉珍品一样，具有很高的收藏价值。

584 为什么说收藏翡翠收益最大?

翡翠有“玉中之王”之称，是一种高价值宝玉。近年来，翡翠的价格一路狂飙，涨势惊人。并且据专家估计，翡翠价格有望再创新高。翡翠价值的上涨绝非人为炒作，自有其独特的主客观原因，主要表现在以下几个方面：（1）翡翠本身的品质。翡翠在颜色、质地、透明度、纯净度等方面的特性决定翡翠的玉质非一般玉石所能比，尤其是上等翡翠，质地非常细腻致密，透明度好，其观赏性和实用性都深受世人喜爱。（2）从矿藏资源上讲，翡翠与和田玉一样，是一种再生性极为缓慢的稀缺资源，是用一点就少一点，当今翡翠资源越来越匮乏，所谓“物以稀为贵”。而且目前发现只有缅甸产翡翠。（3）从翡翠在中国玉文化的地位变化来看，翡翠能与和田玉并驾齐驱不是一朝一夕所成之事，中国玉文化可以追溯至史前社会八千年甚至是上万年前，而翡翠开采和使用的历史与之相比极其短暂，因此在众多宝玉中涨幅最为惊人。（4）翡翠的价格之所以能一路走高，还与中国这十几年来经济高速发展有关。改革开放以后，我国生产总值不断增加，人民收入增加，在此经济形势大好的情况下，人们便会追求高品位生活，近几年奢侈品市场非常红火，翡翠作为奢侈品的一种，价格自然也就水涨船高了。并且，中国人对翡翠有特别的偏爱，市场对翡翠的需求暴增，更突显了翡翠的价值。

拍卖成交价8800万元的翡翠原石

585 如何投资独山玉？

独山玉的颜色非常稳定，在自然状态下存放千年也不褪色或变色。投资独山玉要看颜色是否均一，质地是否细腻，玉料块度大小。以似翡翠的翠绿色最佳，要求质地坚硬、致密、细腻，无裂纹，无白筋，无杂质，以近透明或半透明者为上品。独山玉的优良品种常加工成戒面、挂件、手镯等。

586 如何投资绿松石？

投资绿松石要看颜色、质地和块度。其品种按颜色分为蓝色绿松石、浅蓝色绿松石、蓝绿色绿松石、绿色绿松石、泡料。以蓝色、深蓝色不透明或微透明，表面具玻璃感，颜色均一，光泽柔和，无

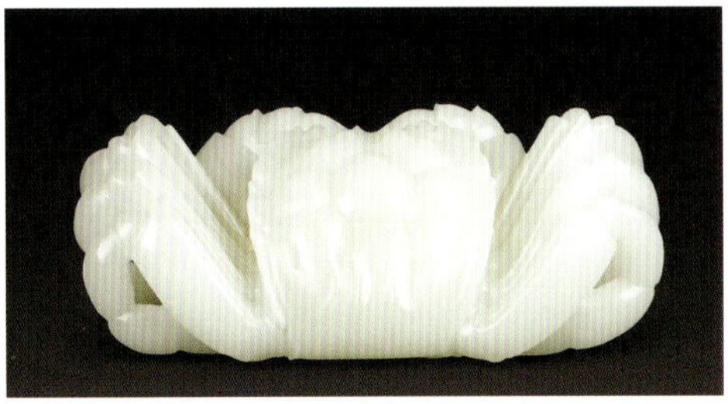

和田羊脂白玉蟹王

褐色铁线者质量最好。绿松石按质地划分为透明绿松石、块状绿松石、铁线绿松石、磁松石、斑点松石。透明绿松石极为罕见，价值很高。磁松石光亮如瓷器，质优价高。国际宝石界将绿松石分为四个品级：一级品（波斯级）、二级品（美洲级）、三级品（埃及级）、四级品（阿富汗级）。一级品为质量最优的绿松石。

独山玉夜游赤壁山子摆件

587 如何投资玛瑙？

玛瑙的投资要从颜色、透明度和块度入手。价值高的玛瑙有以下特点：颜色鲜艳、纯正，色层厚；表面光洁，透明度高；纹饰均匀、明晰，线性程度好；质地细腻、坚韧；无裂纹或裂纹少；块度大。以红色和蓝色为最佳。

588 如何理解“一蹲，二卧，三回头”？

古玩界长期以来流传这样的话：“一蹲，二卧，三回头。”一蹲，指的是商周玉兽多作蹲姿；二卧，即指汉魏时期

玉镇而言；三回头，则指的是明清玉兽多作回首状。

589 如何理解“灯下不观色”?

珠宝界流行“灯下不观色”的行话，意思是说，要做珠宝鉴定，不能把珠宝拿到灯光下去，否则，对其质量的评定会大打折扣。所以对于初入珠宝行业的人来说，记住这句话非常重要。而对于翡翠来说，这一点则显得尤为重要。这是因为

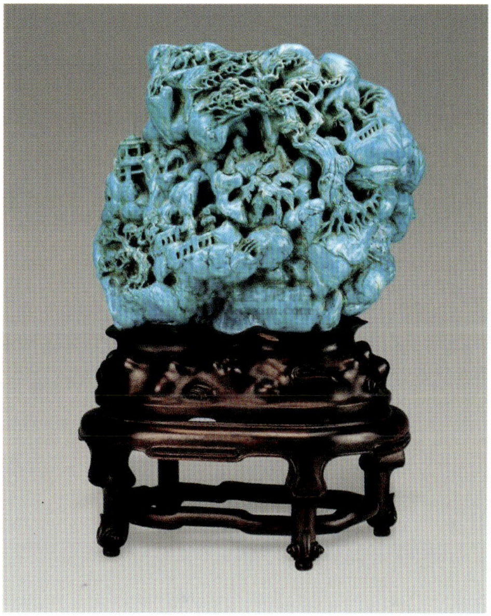

绿松石雕山水人物山子摆件

翡翠的颜色，尤其是闪灰，闪蓝以及油青之类的翡翠颜色，在灯光下的视觉效果要比自然光线下的颜色效果好很多。因此，灯光下只能看翡翠的绺裂，看水头长短，看照映程度或其他特征，而要在自然光线下，察看和评定翡翠的绿色。

590 如何理解“色差一等，价差十倍”？

对于珠宝商来说，“色差一等，价差十倍”是句非常有道理的话，而对于高档的翡翠来说，如果在颜色上出现差别，那么，其反映在价差上就不止一倍。例如：一枚20万元的翡翠戒面与一枚40万元的翡翠戒面，翡翠质量样式、大小、种、水、瑕疵都是相同的，无可挑剔，二者之间的价格差别关键在于翡翠戒面绿色上的高低。而如何认识和区分翡翠绿色的各种差别是极为重要的，至少也要见过和经历过。

战国晚期龙形玉佩

591 如何理解“宁买一条线，不买一大片”？

“宁买一条线，不买一大片”是对于翡翠原石中的绿色形状特点来说，“一

条线”带子绿与“一大片”靠皮绿是同一种绿色形状的两种表现形式，是“线”立性与“片”卧性的分别。“线”的厚度是已知的，而深度是未知的；“片”的面积是已知的，而厚度是未知的。格言的关键在于提醒人们，不要被翡翠表面上绿色的“多”与“少”所迷惑，要认清绿色“立性”与“卧性”的本质。但是，这并不是说真的见了有一大片绿色的翡翠也不买，而是不要对绿色的厚度有过分的奢望。

592 如何理解“龙到处才有水”？

所谓“龙”其实是指翡翠中的绿色。也就是说，在通常情况下，无论在质地的粗细程度或者透明程度上，有绿色的部位比没有绿色的部位其地子都要好一些。当然，有时翡翠的绿色和地子之间的这种差别表现得过于强烈时，就像下一个格言所说了。

老坑琉璃种翡翠珠链

593 如何理解“狗屎地子出高绿”？

翡翠的地子与翡翠的绿色互为依存，关系非常密切。一般来说，绿色种水好的情况下，地子通常也不会太差，反之亦然。而格言主要提醒人们：不要忽视翡翠绿色的特殊性。虽然不是每一个“狗屎地子”都会有高档的绿色，但是“狗屎地子”中也可能出现上等的绿色。

594 如何理解“无绺不遮花”？

《礼记》云：“大圭不琢，美其质也。”事实上，高档的翡翠绿色通常也都是以“素”身的形式，来表现其自然本质的。例如旧货中的扳指、翎管之类都属于“素活”。如果雕有花纹图案，其美丽的花纹之下必有蹊跷。故而业内流传有“无绺不遮花”的说法，现代的翡翠制品中同样如此。

595 如何理解“冷眼观炝绿”？

所谓“炝绿”乃是指一种加色的“假翡翠”，这是一种很老的伎俩，时下的作假手段有“冲凉”、“洗澡”和“镀膜”等。当然任何作假或许得逞于一时，而不会永远不露马脚的。以前的格言是对行内人说的，是提醒人们要重视第一眼的

翡翠项链

翡翠灵芝宝鼎摆件

感觉，不要放过任何疑点。因此，对于消费者来说，不妨也“冷眼”一点，到信誉好的商店去购买翡翠，一定要开具如假包赔的鉴定证书。

596 为什么说珠宝玉器已成为收藏投资新热点?

我国珠宝玉器市场的繁荣，与社会经济的发展、人民物质生活水平的提高密切相关。珠宝玉器兼具装饰美化与保值升值的特点。一方面，人们用它来美化生活，提高生活质量；另一方面，人们收藏它们，将之作为一种投资方式。20世纪90年代以来，珠宝玉器价格一路飙升，尤其是钻石、红宝石、蓝宝石、祖母绿、猫眼石及东方人钟爱的翡翠、新疆和田羊脂玉等高档珠宝，价格更是节节攀高。在我国目前股票、证券市场低迷的情况下，收藏珠宝是被普遍认同的盈利高、风险小的投资方式，愈受到人们的重视。

597 何为古玉三忌?

清代刘大同《古玉辨》云：“一忌油。旧玉地涨未足，常粘油腻，则清光不能透出。故佩玉者，把玩日久，恐被油沁，脑油、鼻油则尤甚，必须用滚水洗这方能退油。盘者倘用鼻油摩擦，是爱之反不如毁之之为愈也。一忌腥，玉与腥物相接即含腥味，且伤玉质。就海滨出土之玉观之，无一完璧，即可知矣。一忌污浊之气。倘有妇女污手盘弄，则土门闭塞，玉理之灰土不能退出，纵如盘功亦无益也。”

商代鸡骨白龙形玦

红山文化玉鹰

598 何为古玉四畏？

清代刘大同《古玉辨》云："一畏火，常与火近，色浆即退。一畏冰。常与冰近，色沁不活。一畏惊气，佩者不慎，往往坠地。如落砖石之上，重则损伤，轻则肌理含有裂纹，其微细如发，骤视之而不得见。一畏闰水。如与新水相触，色沁之处，即黯淡无光，重则浑身麻点，虽盘之亦难生效。"

599 如何给古玉消毒除臭？

我们收藏古玉，大多数难以褪改或变更其"色沁"，但是，为了卫生和安全，以防藏有细菌和不洁物体，必须用开水煮过，方可作玩件或用来佩戴。用开水煮，或用灰提油法，同时能够辟除其臭气与腥味。特别是陪葬古玉，应用开水煮，或以沸水浸，使灰浆浮出，兼具消毒杀菌的作用。不过，凡铜沁的古玉则不可煮，以防影响原本色沁。

600 修复玉器主要有哪些方法？

（1）一分为二法。有些玉器碰坏后，设计师、雕刻师总是根据其破损情况，剖析它原来的造型，经过一番巧思，然后在原件基础上巧妙分割，一分为二，把原来的雕件分成两个或两个以上相互独立或关联的小件。

（2）金玉镶嵌法。金玉镶嵌在珠宝首饰行业里是一种普遍使用的工艺。金玉镶嵌既是一种传统工艺，作为一种技巧又被运用到玉器的修复上。

（3）重新修整法。这是以掩饰、弥补玉器破损为前提而进行的别具匠心的重新创作。

（4）断口黏合法。玉器断裂，在近代也有用粘合法进行修复的。修复得好，甚至能"以次乱正"。

（5）缺处添补法。玉雕佩挂件不慎跌落，也有不断裂而只碰缺一小块的，但毕竟"破相"了。于是人们想到如何为它"整容"，其办法就是添补。添补的方法有二，即填补和新补。